一流シェフのお料理レッスン

「カフェ・バッハ」のおいしい理由。

田口文子
田口護

コーヒーとお菓子のきほん、完全レシピ

THE PERFECT RECIPE

COFFEE AND PASTRY BASICS,

世界文化社

FOREWORD
前書き

はじまりは、1980年のヨハン・セバスティアン・バッハの足跡を辿る旅からでした。

　一般のツーリストが東西ベルリンの壁を行き来できるようになって2年ほど過ぎた1980年の浅春の頃。店舗を45日間休業し、おもに東欧圏の東ドイツ、チェコスロバキアをはじめ、オーストリア、イタリア、フランスを回りました。その中で、ヴァルトブルク城のすそ野に広がるバッハが生まれたアイゼナハの街を中心に、テューリンゲン地方の小さな町をいくつか訪ねたときのことです。大都市のカフェのような華麗さはありませんでしたが、それが温かいコーヒーとていねいに作られた素朴なケーキとの出会いでした。そのときのお菓子が、シュヴァルツヴェルダー・キルシュトルテ（→p.134）だったのです。あまりなじみのない味だったので、コーヒーで流しながら食した記憶が残っています。またプラハではボイリングした熱々のブラックコーヒーとクッキー風のチョコレート菓子がセットになっていて、滞在中何杯も飲み、コーヒーとチョコレートのマリアージュの洗礼を受けました。

　いずれも西側との違いは、物質的な豊かさに乏しい人々の、心からなる慎ましやかなコンディトライ・カフェ（お菓子屋さんに併設されるカフェ）のおもてなし。私たちはそれに元気をいただき、長期間の旅を終始ホットな気持ちで過ごさせていただきました。今でも出会ったカフェの皆さまに感謝しております。おかげさまで今では、ここ「カフェ・バッハ」でケンヒェンコーヒー（2杯分のコーヒー

を入れたポットサービス)とお菓子を前に語らう光景が、地域の人々の日常生活になってきました。

　本書の第一の目的は、小規模店やご家庭でもきちんとお菓子が作れるようにレシピを伝えること。小さなポーションで作れるものは少量の配合に置き換え、また折り込み生地など一定の分量で仕込む必要があるものは、でき上がり量が多少多くなっても冷蔵、冷凍などストックして生かせるように考えました。また基本の生地やクリームの作り方に加え、お菓子それぞれで多少配合を変え、よりよい味の仕上がりを目指しております。

　私どもは、製菓部併設にあたり、以下2点を決めて、商品の無駄を出さずコントロールしながら作り続けてきました。

**1 店内、予約などで
　売れる分だけをていねいに作る**

**2 新商品は
　必ずスタッフ全員が食して
　納得したものだけを売りに出す**

　おかげで現在に至るまで、お菓子を捨てたことがないのも自慢です。

　第二の目的は、コーヒーとお菓子の相性を知ってもらいたいということ。カフェ・バッハでは、日本の文化になかった「コーヒーとお菓子を楽しむこと」がお客

さまに浸透し、伝統になってきました。それはいつもお客さまの顔がむこう側にあり、「何かご用はございませんか、ただ今わたくしが担当です。何なりとお申し付けください！」といったサービスや対話の中で誕生し、育まれてきたものです。

　最後に、この本を手にしてくださった方がそれぞれのお店やご家庭でお菓子を作られ、さらなるマリアージュの広がりを楽しんでいただけることを願っております。また、ぜひともご来店いただけますことを願いつつ、ご常連の方々にはこの場を借りて心より感謝申し上げます。

　　　　　　　　田口 護　田口文子

CONTENTS

はじまりは、
1980年のヨハン・セバスティアン・
バッハの足跡を辿る旅からでした。 …… 2

カフェ・バッハに教わる
コーヒー基本の〝き〟 …………… 6

コーヒーの産地 ………………… 8

コーヒーとお菓子の
合わせ方 ………………… 10

コーヒーの焙煎度と
お菓子の相性 ………………… 12

この本の使い方 ………………… 14

第1章
お菓子作りの基本テクニック

お菓子作りを始める前に
まず知っておきたいこと ………………… 16
パータ・ケイク（パウンド生地）………………… 20
パータ・ジェノワーズ（スポンジ生地）………………… 22
ビスキュイ・ジョコンド（ジョコンド生地）………………… 24
パート・シュクレ（シュクレ生地）………………… 26
パート・ブリゼ（練り込み生地）………………… 28
パータ・シュー（シュー生地）………………… 30
パート・フイユテ（折り込みパイ生地）………………… 32

フイユタージュ・ラピッド（速成折り込みパイ生地）
………………… 35
クレーム・シャンティー（ホイップクリーム）…… 36
クレーム・パティシエール（カスタードクリーム）
………………… 37
バタークリーム ………………… 38
クレーム・ダマンド（アーモンドクリーム）………………… 39
メレンゲ ………………… 40
イタリアンメレンゲ ………………… 40

第2章
浅煎りに合うお菓子

マドレーヌ ………………… 42
いちごのタルト ………………… 46
タルト・オ・シトロン ………………… 48
トゥルト・パスティス ………………… 50
ブール・ド・ネージュ ………………… 52
クロワッサン ………………… 54

第3章
中煎りに合うお菓子

アップルパイ ………………… 58
タルトタタン ………………… 62
ココパッション ………………… 64
パルミエ ………………… 66
ブリオッシュ ………………… 68
クグロフ ………………… 70

ビスキュイ・ド・サヴォワ ……… 72

ヘーゼルナッツサブレ ……… 74

ヴァニレキプフェアルン ……… 76

マーブルチョコレートケーキ ……… 78

第4章
中深煎りに合う
お菓子

いちごのショートケーキ ……… 80

チーズケーキ ……… 84

昔風りんごのケーキ ……… 88

フルーツケーキ ……… 90

ピティヴィエ ……… 92

ミルフイユ ……… 96

シュルプリーズ ……… 98

パリブレスト ……… 101

フィナンシェ2種 ……… 104

パン・ド・ジェンヌ ……… 108

ダコワーズ ……… 110

ブッタークーヘン ……… 114

ヌスボイゲル ……… 116

バヴァロワ ……… 118

> クリスマスのお菓子、
> シュトレンに挑戦！ ……… 120

第5章
深煎りに合うお菓子

バッハショコラ ……… 126

モンブラン ……… 130

ブラウニー ……… 132

シュヴァルツヴェルダー・キルシュトルテ
……… 134

ババのトマトソース添え ……… 138

フロランタン・サブレ ……… 142

> カフェ・バッハに教わる
> コーヒー抽出の基本 ……… 144

第6章
バリエーション
コーヒーに合うお菓子

トリュフ ……… 150

カルディナールシュニッテン ……… 152

マローネングーゲルフプフ ……… 156

コーヒーゼリー＆ブランマンジェ ……… 158

> お菓子から引ける
> コーヒーとの相性さくいん ……… 160

＜巻末＞

> カフェ・バッハのコーヒー豆図鑑
>
> カフェ・バッハと製菓・製パン部

カフェ・バッハに教わる
コーヒー基本の"き"

　芳醇な香りと高雅な味わいに魅了され、日々の1杯として私たちの暮らしに定着しているコーヒーは、ここ20余年で次なるステージに進んでいます。ただの「コーヒー」ではなく、好みや気分によってコーヒーの個性（風味、焙煎度、産地……）を味わい分けるようになってきました。

　それが「スペシャルティコーヒー」の基本的な考え方。これはカップに注がれた1杯のコーヒーに、産地や農園などの特徴的な味わいが表れていて、さらに飲み手がおいしいと評価する高品質なコーヒーのこと。産地から始まり農園の栽培履歴、生豆の精製、輸送、焙煎、コーヒーの淹れ方まで、多くの人の手を伝って飲み手に届くまできちんと管理され、その考え方を端的に「From seed to cup（種からカップまで）」と表現しています。

　カフェ・バッハではスペシャルティコーヒーという言葉が生まれるずっと前、いまから40年以上前からこの考えを実践しています。スペシャルティコーヒーの出現でとりわけ変わったのが、コーヒーの酸味への意識です。以前ならたとえ良質できれいな酸味でも、劣化した酸味によるものと嫌われていましたが、いまやコーヒーの個性の一つとして認知されています。

　では次に、おいしいコーヒーを淹れるために大切なことをご紹介しましょう。

1　1杯のコーヒーができるまで

私たちが日々飲むコーヒーは、さまざまなプロセスを経てできています。原料の産地や品種、グレード、精製方法、焙煎度、抽出方法、そのすべてが組み合わさって、1杯のコーヒーができ上がります。可能性はさまざま。だからコーヒーはおもしろいのです！

生豆（左）を焙煎していくと、コーヒー豆らしい色になり、香ばしい風味や苦みなども出てくる（右）。

2　豆を買うとき

まず、焙煎したての新鮮なコーヒー豆を求めましょう。香り高く、風味も豊かです。さらに欠点豆が手作業で選び抜かれ（ハンドピック）、大きさなどがそろったコーヒー豆を選びます。欠点豆が残っているとコーヒーに異臭や渋みなどが出て、味わいに大きく悪影響を及ぼすので、カフェ・バッハでは最低2回、焙煎前（生豆）と焙煎後に、ていねいにハンドピックを行います。もちろん、芯まできちんと加熱された煎りムラのない適正な焙煎がなされていることが基本です。

欠点豆の数々。左から虫食い、未成熟、死豆、しわ豆、貝がら。

3　コーヒーは〝生鮮食品〟

焙煎したての新鮮なコーヒー豆を買ったら、すぐにキャニスターに移して空気や湿気をできるだけ遮断し、冷暗所で保存しましょう。煎って時間がたつほど香りも風味も落ちてくるので、10～14日以内に飲みきれる量をこまめに買うのもポイント。ペーパードリップで淹れるならできれば豆の状態で保存し、そのつど挽いて淹れたてを飲むのが理想です（淹れ方はp.144）。

密閉できるガラスのキャニスターで保存すると、風味が落ちるのが遅く、また中の状態も見えて便利。

コーヒーの産地

① 南米

コロンビア、ベネズエラ以南。
他にブラジル、エクアドル、ペルー、ボリビアなど

全体に高地が多い。2大生産国のブラジルとコロンビアでは精製法などが大きく異なり、ブラジルは広い国土を持つので、生産量が多く、乾式のナチュラル精製をとり、独特の香りや濃厚な味わいを持つ。一方コロンビアなどアンデス中心の山岳地帯は水洗式のウォッシュト精製をとり、酸味と香りの豊かなクリーンな味わい。ブラジル以外は、中深煎りから深煎りに向くものが多い。

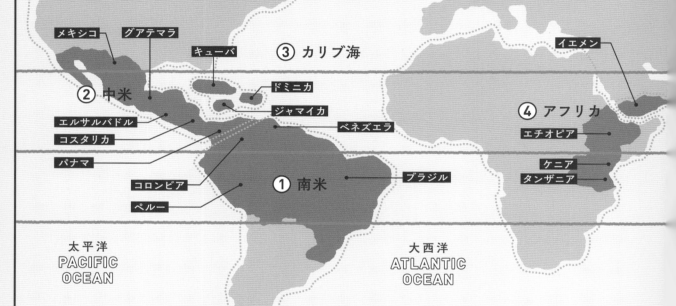

② 中米

南はパナマまで。 他にグアテマラ、コスタリカ、ニカラグア、エルサルバドル、ホンジュラスなど

両側から海が迫っている土地柄、湿気や雨が多くコーヒー栽培によい役割を果たしている。グアテマラ、コスタリカ、パナマが代表3国で、狭くて小さい国ながら個性のあるレアなコーヒーが多い。

③ カリブ海

キューバ、ハイチ、ドミニカ、ジャマイカ

海に浮かぶ島国特有の、まるで日本の初夏の爽やかで温暖な気候のような、熱帯から亜熱帯の海洋性気候の中で育つコーヒーは、形が美しく、味わいもおだやかで繊細、香りも上品で飲みやすいものが多い。レアなコーヒーやブルーマウンテンのように高級なコーヒーの産地でもある。またキューバは早期にコーヒーのプランテーションが導入された地。フローラルな香りを持つものが多く、どちらかというと浅煎りから中煎りに向く。

コーヒーは熱帯性の植物。とりわけストレートコーヒーとして飲まれるアラビカ種の栽培には冷涼な高地、有機物豊かな火山灰土質、水はけのよい肥沃な弱酸性の土壌、この3条件が向くため、原産地のエチオピア・アビシニア高原をはじめ、ブラジルの高原地帯、中米の高地、西インド諸島、インドネシアなど、赤道をはさんで南北回帰線（北緯約25度、南緯約25度）の間のコーヒーベルト地帯に広がっています。カフェ・バッハでは独自にコーヒーベルトを6地帯に分類し、特徴づけています。

④ アフリカ

エチオピア、ケニア、タンザニア、マラウィ、カメルーンなど

アラビカ種コーヒー発祥の地・エチオピアと、ケニア、タンザニアの3国が主要産地。精製法はエチオピアは乾式（ナチュラル）、ケニアとタンザニアは水洗式（ウォッシュト）が基本だが、エチオピアの高級品には水洗式がある。全体にフルーティーな香りで、味、濃度が強くボディがしっかりしたものが多く、どちらかというと中深煎りから深煎りに向くものが多い。

⑤ アジア

東は中国、西はイエメンまで。
他にインドネシア（一部除く）、インドなど

バラエティに富むコーヒーを産するエリア。インドネシア・北スマトラ産のマンデリンや、インドなど特徴的な味わいを持つコーヒーが多く、品種もアラビカ種に加え、おもに加工用に使われるロブスタ種も多く栽培。コーヒーの銘柄として知られる「モカ」はイエメンのモカ港から運ばれたコーヒーの総称。トロピカルなフルーツやハーブ、スパイスの香りを持つものが多い。

⑥ オセアニア

ハワイ、ニューギニア島など

ハワイはそれほど高地がなく、栽培の最適地ではないが、ていねいで厳密な栽培・管理がなされ少量ながら定評がある。とりわけハワイ島のコナ地区産はオイル感や味の濃度があり、最高級品とされる。ニューギニア島の東部、パプアニューギニアはマイナーながら生産量が多く、企業がきちんと品質管理することでここ30年ほどでクオリティが向上。太平洋の真ん中で栽培されたコーヒーらしく、個性的な味わい。

コーヒーとお菓子の合わせ方

相性を考えるときに一番分かりやすいポイントとなるのが、コーヒーの焙煎度。コーヒーは生豆を焙煎するにつれ徐々にコーヒーらしい苦みや香ばしさ、オイル感などが出てきます。また酸味や苦みのバランスが変わり、それがコーヒーの風味や味の強弱を特徴づけています。それを踏まえると、合わせ方の基本は以下の3通り。

① 色のトーンを合わせる

② 共通の味や香り、強さで合わせる

③ お菓子にない要素を持つ
　コーヒーを合わせる

　全体的な方向性を決めるのに役立つのが、①の合わせ方。淡い色のお菓子には焙煎の浅いコーヒー、重厚な色のお菓子には深いコーヒーがマッチします。淡い色のマドレーヌには浅煎りを、チョコレートの重厚な色のバッハショコラには深煎りを、といった具合です。

　②では、お菓子の輪郭が、まるでステンドグラスの縁どりのように際立ちます。たとえばいちごのタルト。このお菓子を味わうのに一番ポイントとなるいちごのフレッシュで繊細な甘酸っぱさを生かすには、同じ淡い酸味を持つ浅煎りがベストです。

　③は少し高度です。たとえば、アーモンドの風味豊かなフィナンシェには中深煎りのコクのある苦みをプラスして、味をよりいっそうふくらませます。

　右に、焙煎度ごとにお菓子との合わせ方をご紹介します。

浅煎り

浅煎りのコーヒーは酸味も苦みもそれほど強烈ではなく、まるでお茶に近いような味わいが特徴です。たっぷりの量を淹れて、繊細な味わいや食感のお菓子と合わせるとよいでしょう。お菓子に使ったフルーツの上品な酸味やバターのやさしい香りを損なうことなく、おいしくいただけます。

お菓子のポイント

▷ 全体に淡い色み
▷ フレッシュフルーツの酸味や甘みがある
▷ 香ばしさのないナッツ（から煎りや、ゆでて皮をむいたものなど）
▷ あまり火の入っていない繊細なバター香がある

例 マドレーヌ (p.42)

コーヒーとお菓子は、一緒にいただくとお互いをもっとおいしく味わえる相棒。コーヒーの際立つ個性を楽しむようになった時代だからこそ、コーヒーとお菓子の組み合わせにも気を配ると、楽しみ方が広がります。それはまるで料理とワインのマリアージュのよう。ここではそのマッチングをご提案していきます。

中煎り

良質な酸味を豊かに感じられるのが、中煎りのコーヒー。苦みはそれほど強くありませんが、少しボディがしっかりし、量もたっぷりといただきやすいので、繊細な味わいを持ちながらもバターやナッツなどのコクのあるお菓子が合うでしょう。生地を焼いただけのお菓子をシンプルに味わうときにもおすすめ。

お菓子のポイント

▷ 淡いながらも全体に少し香ばしさを帯びた色み
▷ 少し火が入って際立ったフルーツの酸味や甘みがある
▷ はちみつやバニラのような甘い風味
▷ キャラメルやメープルシロップのような甘いカラメル香
▷ 軽く火が入ったバター香

例 アップルパイ (p.58)

中深煎り

酸味も苦みもふくよかで一番味の要素が多く、どんなお菓子とも合わせやすいのがこの中深煎り。マッチするお菓子アイテムが多いのも、この焙煎です。なかでもコーヒーの方向性と同じく、バターや生クリームのコクやフルーツの酸味、ナッツの甘みなど、豊かな味わいのお菓子が多いのが特徴です。

お菓子のポイント

▷ 全体に色よく焼けた香ばしいトーン
▷ 甘み、バター、卵の基本材料のバランスがとれた定番菓子
▷ 香ばしいナッツ、ベリー系のフルーツ、ドライフルーツ、チョコレートなどを合わせて使う複雑な味わい
▷ スパイスやバニラ、はちみつなどの香り

例 ミルフイユ (p.96)

深煎り

コーヒーは焙煎が進むにつれ苦みが深まっていきます。一番焙煎の進んだ深煎りは、同じようにカカオをしっかり焙煎して作るチョコレートとの相性が抜群。またコーヒーはスパイスの香りが出てくるのでスパイシーなお菓子ともマッチします。少し濃厚なお菓子をすっきりと食べやすくしてくれるのも、このコーヒーです。

お菓子のポイント

▷ 全体に深い茶色やしっかり焼けた色み
▷ チョコレートがメイン素材
▷ しっかり効いたスパイスや洋酒の香り
▷ 強いカラメル香や香ばしいナッツ香

例 バッハショコラ (p.126)

コーヒーの焙煎度とお菓子の相性

	浅煎り			中煎り
焙煎度	ライトロースト	シナモンロースト	ミディアムロースト	ハイロースト
特徴	焙煎度がもっとも浅く、最初にパチッとはぜる音がする「1ハゼ」の手前までの状態。生豆由来の渋みやいやなえぐみが強い。まだコーヒーらしい香りや苦みなどはなく、飲むには不向き。焙煎や豆の特徴をテストするために使われる。	ライトローストから少し焙煎が進んで、1ハゼの中間ほどで、まだ生豆の渋みやえぐみが強く、苦みや強い酸味はまだ出ていない。コーヒーとしておいしく飲むには不向き。おもに焙煎や豆の特徴をテストするために使われる。	1ハゼの終わり頃の焙煎度。コーヒーらしい味、とりわけ香りが立ってくる。心地よい酸味と柔らかなコクを持ち、味わいはソフトで軽やか。コーヒー豆も、淹れたコーヒーの色も明るい色み。この上品な味はコーヒー入門者におすすめ。	1ハゼが終わって豆のしわがのび、香りが変化する手前の焙煎度で、ミディアムローストより全体に力強い味わいに。フレッシュフルーツのようなきれいな酸味とバターやキャラメル、メープルシロップ、バニラのような香りが立ってくる。
味の変化	酸味		苦み	
カフェ・バッハの銘柄			ハイチ・バプティスト／ブラジルW／ベトナム・アラビカ／ブルーマウンテンNo.1／ソフトブレンド	イエメン・モカ・ハラーズ／ニカラグアSHG／パナマ・ドンパチ・ティピカ／コスタリカPN「グレースハニー」
マッチするお菓子のポイント			フレッシュフルーツの酸味や甘み／香ばしさのないナッツ（ゆでたり、から煎りして皮をむいたものなど）／あまり火の入っていない繊細なバター香／全体に淡い色み	少し火が入って際立ったフルーツの酸味や甘み／はちみつやバニラのような甘い風味／キャラメルやメープルシロップのような甘いカラメル香／軽く火が入ったバター香／淡いながらも全体に少し香ばしさを帯びた色み
お菓子例			マドレーヌ、いちごのタルト、タルト・オ・シトロン、ブール・ド・ネージュ、クロワッサン	アップルパイ、タルトタタン、パルミエ、ブリオッシュ、マーブルチョコレートケーキ

コーヒーの味わいを大きく左右するのは、焙煎度。浅煎りから深煎りへと焙煎度が上がるにつれ、きれいな酸味から複雑味、さらには苦みへと変わっていきます。見た目も薄い茶色から深みを増していくのが分かります。焙煎度とお菓子の相性を、ひと目で分かる表にしました。

	中深煎り	深煎り	
シティロースト	フルシティロースト	フレンチロースト	イタリアンロースト
次にはぜる音がする「2ハゼ」が少し起きた状態。柑橘類のような爽やかな酸味とともに、苦みのウエイトが重くなり、スパイス香なども立ってコーヒーの味わいが豊かになってくる。コーヒー豆の色も深みを帯びてくる。この20年で増えた焙煎度。	2ハゼの最盛期の前後。酸味と苦みがほぼ同じウエイトでバランスが抜群によく、コーヒーがもっとも豊かな味わいに。豆の色もぐっと深くなり、日がたつと表面に油がにじみ出てくるのも特徴。カフェ・バッハの看板、バッハブレンドもこの焙煎。	酸味が残りながらも苦みがぐっと強く立ってきて、コク深い重厚な味わいになってくる。コーヒー豆の色も、黒みの中に茶色が残っている焙煎度。チョコレートのような香りも増す。バリエーションコーヒーにも使用できる。	一番深い焙煎度。茶色が消えてほぼ黒くなり、表面には油がにじみ出てツヤツヤしている。しっかりと焼ききることで、香ばしさや苦みは強いが酸味はほとんど感じられず、のど越しよくしっかりとキレがある。バリエーションコーヒーにも使用できる。

苦み
酸味

シティロースト	フルシティロースト	フレンチロースト	イタリアンロースト
パナマ・ドンパチ・ゲイシャW／パナマ・ドンパチ・ゲイシャ ナチュラル／マイルドブレンド	タンザニアAA「アサンテ」／パプアニューギニアAA／グアテマラSHBウエウエテナンゴ「コンポステラ」／コロンビア・スプレモ・タミナンゴ／スマトラ・マンデリン タノバタック／バッハブレンド	ペルー／マラウィ・ヴィフヤ／エチオピア・シダモW	ケニアAA／インディアAP・AA／イタリアンブレンド
	甘み、バター、卵の基本材料のバランスがとれた定番菓子／香ばしいナッツ、ベリー系のフルーツ、ドライフルーツ、チョコレートなどを合わせて使う複雑な味わい／スパイスやバニラ、はちみつなどの香り／全体に色よく焼けた香ばしいトーン	チョコレートがメイン素材／しっかり効いたスパイスや洋酒の香り／強いカラメル香や香ばしいナッツ香／全体に深い茶色やしっかり焼けた色み	
	いちごのショートケーキ、チーズケーキ、フルーツケーキ、ミルフイユ、フィナンシェ、ダコワーズ、バヴァロワ	バッハショコラ、モンブラン、ブラウニー、ババ、フロランタン・サブレ	

この本の使い方

この本を使いこなすために、ページの見方をご紹介します。

本文について

▷ お菓子の説明やカフェ・バッハの考え方、作り方のコツなどをまとめています。これを読むと、全体像がつかめます。

材料表について

▷ バターは食塩不使用のものを使っています。

▷ 食材の補足説明は、赤字で表記しています。

▷ 使う材料によって、状態が異なることがあります。

コーヒーとの相性について

▷ ご紹介しているお菓子とコーヒーの相性が、焙煎度別にひと目で分かるよう、◎（おすすめ）、△（ものによってはおすすめ）、×（避けたい）の3つで示しています。さらにその理由や細かいマリアージュの説明と、カフェ・バッハのコーヒーの中から、ベストマッチをBEST、2番目に合わせたいものをBETTER、その他のおすすめをOTHERでご紹介します。

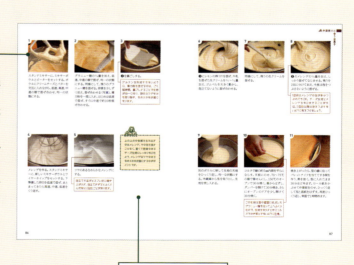

作り方について

▷ 作る順序に沿って、プロセス写真で追いながら説明しています。場合によっては、同時に作り始めるものや順序が前後する場合があります。

▷ 調理道具やキッチン、コンロ、オーブンにはそれぞれクセや特徴があります。加熱温度や時間、火加減は目安です。特にオーブンは、お店では業務用を使用しているので、ご家庭用のオーブンを使う場合は微調整してください。

▷ 🔥はコンロの火加減の目安です。

▷ 囲みは、よりおいしく作るために知っておきたいコツです。

advice について

▷ お菓子作りのコツ、ポイントなどについて、田口さんから読者への言葉です。

14

第 1 章

お菓子作りの基本テクニック

BASIC TECHNIQUES FOR PASTRY MAKING

お菓子作りを始める前に まず知っておきたいこと

おいしいお菓子を作るには、押さえておきたいポイントがいくつかあります。
細かいことが味に大きく影響をおよぼすこともあります。
ぜひ、意識しながら作ってください。

① きちんとした計量を

本書では、レシピの分量をグラム単位で表示しています。お菓子では材料の持つ物理的な特徴ができ上がりに影響するので、計量が正確でないとふくらみが悪かったり固まらなかったり、舌ざわりがザラついたりすることがあります。卵やはちみつ、生クリームのような液体も同じです。計量には１ｇ単位で量れる電子はかりがおすすめ。またグラニュー糖とはちみつを一緒に使うなら、グラニュー糖を計量し、風袋をゼロにしてはちみ

つをのせれば一度に量れ、ボウルにつくこともなく分量どおり使えます（写真）。ただし、インスタントドライイーストは必ず単独で計量してください。塩に直接触れると、発酵に影響を及ぼします。

② 粉類は必ずふるう

薄力粉やベーキングパウダーなどの粉類は必ず２度ふるいましょう（A）。粒子が均一になるとともに空気をふんわり抱き込んで、他の材材と混ざりやすくなります。異物を取り除くこともできます。また複数の粉を一緒に使うときは、先に混ぜてからふるうと均一になります（B）。本書では、粉糖とアーモンドパウダーなどナッツの粉を同割で混ぜた「タンプータン」をよく使いますが、ナッツの粉は粒子が粗いのでザルを使い、２度ふるってよく合わせます（C）。

③ バターの下準備は2通り

お菓子では、ほとんどの生地でバターを使っています。バターは温度によって状態が変わりやすく、それがお菓子のでき上がりに影響しやすいので、適切な状態にしておくことが大切。本書では大きく2パターンの下準備をします。

1つは常温に戻す場合。おもにクリーム状に均一に練って使うとき（パータ・ケイク☞p.20など）の方法で、バターを厚さ1cm弱に切り分け、立てて離しておくことで（A）、バターの外と中心がほぼ同時に均一に戻ります。戻った目安は、指で押さえるとすっと入るぐらい（B）。

2つ目はかたい状態で使う場合。バターの形を残したまま粉に混ぜたり生地に折り込むとき（パート・ブリゼ☞p.28、パート・フイユテ☞p.32など）、さらに固形ならではの抵抗を生かして生地に練り込むときの方法で、使う直前まで冷やしておきます。粉に混ぜるなら1～2cmの角切りに（C）、折り込んだり練り込んだりするなら、かたまりをたたいてのします（D）。また溶かして使うとき（パータ・シュー☞p.30など）は1cm角に切りそろえます。鍋の中でさっとほぐれ、素早く同時に溶けるため、余計な加熱が必要なく、バターの香りなどが飛びにくくなります。

A　B　C　D

④ 生地作りのポイントは〝均一〟

ほとんどのお菓子で、バターや砂糖、粉などを混ぜ合わせて生地作りをします。そのできばえを大きく左右するのが、材料が均一に混ざっているかどうか。すべての材料が同じ状態で混ざっていれば、キメもふくらみも味も食感もそろった、よい状態に焼き上がります。そこで欠かせないのが、ボウルの壁面についた生地や材料を落とす作業（写真）。中の生地と壁面についた生地の状態に違いが出ないうちに、〝こまめ〟に行うことが大切です。とりわけスタンドミキサーを使うときには忘れがちなので、気をつけましょう。

17

⑤ 型の準備

生地を型に入れるとき、生地の状態によって2通りの下準備があります。

1つは型紙を敷く場合。ジェノワーズ型（丸型）では、型紙は2枚。底面と同じサイズの円形1枚、側面用の長方形1枚を用意し、長方形の下1cmを折って、ハサミで縦に1cm幅に切り目を入れます。それを型の側面にぐるりと沿わせ、円形の紙を縁まで敷きます。パウンド型の場合も同様に、角まで指で押さえて敷き込みます。

もう1つは、生地を型に直接入れる場合。焼き上がりに取り出しやすいよう、==ハケで薄くバターを塗り（写真A）==、冷蔵庫で冷やし、使う直前に打ち粉をして余分な粉をふり落とし、薄く、まんべんなくまぶします（B）。焼き色をつけたくない場合は、溶かしバターの上澄み部分を取り出した澄ましバターを使います。

⑥ 口金の準備

この本で使う口金は、丸口金、星形口金、モンブラン口金（中8穴）の3種類。==絞り袋の内側から、しっかりとセット==します。

口金はそれぞれ、用途に応じて使い分けますが、使う頻度が高いのは、丸口金。どろりとした生地を絞り出すようなときによく使います。星形口金はデコレーションに使うことが多く、モンブラン口金は、その名の通りモンブランを作るときに使うため、少し特殊です。

⑦ 生地は型のすみずみまでのばす

　できた生地を型や天板に入れるとき、ポイントが2つあります。
　まず、混ぜ合わせた生地を型や天板の真ん中に流し入れること。天板の場合はさらに、真ん中から四隅に向けてコルヌでのばすと、厚みが均一になりやすいです。少しかための生地は、さらに小さなコルヌで型の四隅に生地を押し込むようにすると、形がきれいに仕上がります。

⑧ 湯せんは適温で

　「湯せん」というと、あつあつの湯を使うイメージがあるかもしれませんが、本書では基本的に湯の温度は60℃。板ゼラチン、チョコレート、バターなど繊細な材料を溶かすのに充分な温度だからです。またボウルは鍋に直接当てず、ふきんを敷いた上にのせます。
　チョコレートの場合は、チョコレートを入れたボウルよりひと回り小さい湯せん鍋を使い、湯気が入ってツヤを失ったりなめらかな食感が損なわれたりするのを防ぎます。
　溶かしバターを作るときも、湯せんします。1cm角に切り分けたバターをボウルに入れて60℃の湯に浸け、そのまま溶けるのを待ち、すべて溶けたら湯からはずします。バターを同じ大きさに切り分けておくことがポイントで、ほぼ同時に溶けるので、余分な加熱で風味が飛ぶのを防ぎます。

基本の7つの生地

パータ・ケイク（パウンド生地）
PÂTE À CAKE

お菓子の基本材料であるバター、砂糖、卵、小麦粉の4種類をほぼ同割で使う、一番の基本の生地です。かつてこれらを1ポンドずつ使ったことから「パウンド生地」ともいい、フランス語では「4分の1ずつ」の意味から「カトル・カール」とも呼ばれます。最近では等分の配合にあまりこだわらなくなって、さまざまな割合で作られています。バターと卵の量が多いため、どうしても分離しやすくなりますが、それでも失敗と思わず、きちんと均一に混ぜることを大切にして作りましょう。

材料
（8cm×18cm×高さ6.5cmのパウンド型2台分）

バター（食塩不使用）	200g
粉糖	180g
全卵	200g
薄力粉	100g
フランス粉*	100g
ベーキングパウダー	2g

*主にフランスパンなどのハード系のパンを作るときに使われる小麦粉。フランス粉を合わせることで程よい質感が生まれる。

下準備

- バターを厚さ1cm弱に切り、常温に戻す。
- 全卵を溶きほぐす。
- 粉類（薄力粉、フランス粉、ベーキングパウダー）は、合わせて2度ふるう。

7 BASIC TYPES OF PASTRY DOUGH

1 スタンドミキサーにミキサーボウルとビーターをセットする。まずバターの1/3〜1/2量を入れ、はじめは低速で混ぜる。残りのバターを入れながら、中速、高速の順に混ぜて、均一なクリーム状にする。ビーターに残ったバターは、ゴムべらできれいに落とす。

> 最初はゆっくりした速度で混ぜ、常温のバターに空気を含ませて柔らかくします。新しいバターを混ぜ込んでなじませ、次第に混ぜる速度を上げます。

2 ビーターをワイヤーホイップに替え、粉糖の1/3〜1/2量を加え、はじめは低速で混ぜる。残りの粉糖を加えながら、中速、高速の順に混ぜ、白っぽい状態にする。

> 均一な生地にするには、材料は最初から一気に入れず、少し入れてなじませてから、追加していくのがルールです。

3 全卵の1/4ほどを加える。

> まずは少量の卵を生地になじませて、次に加える卵が混ざりやすいようにします。

4 ある程度混ざったら、残りの全卵を数回に分けて、加え混ぜる。

> バターも卵も多く分離しやすいので、"均一にすること"をイメージ。途中、ボウルの壁面についた生地や材料をこまめにかき落とし、生地に混ぜ込んで生地を均一な状態にすることも大切。

5 ミキサーボウルをはずし、作業台に置く。粉類の1/3量を加え、ゴムべらでよく混ぜてなじませる。

> 粉は重いので、一度に加えると沈んで、均一に混ざりにくくなります。

6 残りの粉類を2回に分けて加え、そのつどゴムべらで底からすくって生地を返すようにし、大きく混ぜる。お菓子に応じて焼き上げる。

> 仕上がりは、均一なツヤのある状態を目指しましょう。

基本の7つの生地

パータ・ジェノワーズ
(スポンジ生地)
PÂTE À GÉNOISE

「スポンジ生地」ともいわれるキメの細かなやさしい生地。ふんわりとしたソフトな食感と口溶けのよさが特徴です。卵黄と卵白に分けずに一緒に泡立てるため、「共立て法のスポンジ生地」ともいわれます。バターの分量を加減することで焼き上がりの状態が変わるので、しっとりとさせたいのか乾いた状態にさせたいのかなど、用途に応じて配合を変化させることも多くあります。

材料(直径15cmのジェノワーズ型1台分)

全卵	124g
グラニュー糖	80g
薄力粉	72g
牛乳	14g
バター(食塩不使用)	14g
バニラのさや	1/5本

下準備

- バニラのさやは縦に裂き、種をこそげ取る。
- ボウルに牛乳、バター、バニラのさやと種を入れ、湯せん(60℃)で温める。
- 薄力粉を2度ふるう。

7 BASIC TYPES OF PASTRY DOUGH

1
ミキサーボウルに全卵を入れ、ワイヤーホイップを持って溶きほぐす。グラニュー糖を加え、混ぜ合わせる。

> 卵を均一な状態に溶いてから、グラニュー糖を加えることで、ダマができにくくなります。

2
❶を湯せん（60℃）にし、ワイヤーホイップで底をかくように混ぜ、27〜28℃にする。

> この温度まで上がれば、グラニュー糖はほぼ溶けます。ここできちんと卵に溶かしてから、次の撹拌に移りましょう。

3
スタンドミキサーに❷のボウルとワイヤーホイップをセットする。はじめは低速、すぐに高速にしてしっかり泡立てたら、中速、低速の順に速度を落とし、キメの細かい状態に整える。

> 時間の目安は、高速で2分、中速で2分、低速で1分です。

4
ミキサーボウルを作業台に置く。薄力粉の1/3量を入れ、ゴムべらでよく混ぜてなじませる。

> 粉は重いので、一度に入れると沈んで、均一に混ざりにくくなります。

5
残りの薄力粉を2回に分けて加え、そのつどゴムべらで底から大きく返し、生地全体を混ぜて均一にする。

> ボウルの壁面についた生地は、こまめにコルヌでかき落とすのがポイント。生地が均一になります。

6
湯せんで温めた牛乳液からバニラのさやを取り除き、ゴムべらで牛乳液をいったん受け止め、分散させながら生地に加える。

7
底から大きく返し、均一に混ぜる。

8
生地をすくって落としたとき、リボン状になれば混ぜ終わり。お菓子に応じて焼き上げる。

> リボン状とは、なめらかにスーッと落ちて生地の上で重なり、ゆっくりと全体になじんでいく状態。

advice

作り方❷で、温度計がなければ、卵液少量を指でこすり合わせ、ざらつきが残っているかどうか、確認してみてください。ざらつきがなければ溶けている証拠です。

基本の7つの生地

ビスキュイ・ジョコンド
(ジョコンド生地)

BISCUIT JOCONDE

卵白と卵黄を別立てにして作る生地〝パータ・ビスキュイ〟の1つで、粉に薄力粉とアーモンドパウダーを使うスポンジ生地のこと。生地は天板に薄く流し、水分をしっかり飛ばすように焼くのが特徴で、これで焼き上がりの断面もキメが粗くなって、シロップやアルコールがしっかりしみ込みます。生地そのものがおいしいだけでなく、生地に含ませた液体でお菓子に甘みや香りをつけるのにも向いています。

材料（37cm×52cmの天板1枚分）

全卵	175g

【タンプータン】

アーモンドパウダー	125g
粉糖	125g
薄力粉	30g

【メレンゲ】

卵白	125g
グラニュー糖	25g
バター（食塩不使用）	25g

下準備

- タンプータンを作る。アーモンドパウダーと粉糖を合わせ、ザルで2度こす。
- 全卵を溶きほぐす。
- 薄力粉を2度ふるう。
- バターを1cm角に切り分け、湯せん（60℃）にして、溶かしバターにする。

7 BASIC TYPES OF PASTRY DOUGH

1 ミキサーボウルに、下準備したタンプータンと薄力粉を入れ、全卵を加える。

2 ビーターを持って混ぜ、全体をなじませておく。

> 撹拌前にこの作業を行うことで、黄身のダマができず、均一に仕上がります。

3 スタンドミキサーに❷のミキサーボウルとビーターをセットする。中速、低速の順に10〜15分ほど混ぜる。途中、ボウルの縁についた生地は、こまめにコルヌで落とし、生地に混ぜ込む。

> 生地の状態が均一になり、焼き上がりがきれいになります。

4 もったりとしたリボン状になったら、混ぜ終わり。

5 別のミキサーボウルに卵白とグラニュー糖を入れる。スタンドミキサーにワイヤーホイップとともにセットし、p.40の要領で低速でキメ細かいメレンゲにする。

6 ❹に❺の1/3量を入れる。

> 異質な生地同士を混ぜるときは、まず少量を混ぜてなじませておきましょう。

7 ゴムべらで底からすくっては返し、大きく混ぜてなじませる。

> ここでは、メレンゲと生地をなじませることが目的なので、メレンゲの泡が多少つぶれても気にしなくてかまいません。

8 残りのメレンゲを2回に分けて加え、そのつどゴムべらで均一に混ぜ合わせる。

> ここでは、泡がつぶれないように気をつけながら、底から大きく混ぜましょう。

9 溶かしバターを、ゴムべらで受けながら加え、底から大きく返して全体を均一に混ぜ合わせる。お菓子に応じて焼き上げる。

> バターは比重が重く、沈みやすいので、底から大きく返して均一に混ざるようにします。

基本の7つの生地

パート・シュクレ（シュクレ生地）
PÂTE SUCRÉE

「シュクレ」がフランス語で砂糖の意味を持つように、砂糖を加えて作る甘くさっくり、ほろほろとした食感に焼き上がる練り込み生地。タルトの底生地によく使われ、アーモンドやヘーゼルナッツパウダーを混ぜてより食感を軽く、風味を持たせることもあります。砂糖の分量が多く焦げやすいので、あらかじめ下焼きし、短時間で火の通るアパレイユ（牛乳や卵などで作る液状の生地）と組み合わせて仕上げの焼成を行うことの多い生地です。ドイツ菓子では、水分の少ない「ミュルベタイク」、ベーキングパウダーが入った口当たりの柔らかい「マイレンダータイク」の作り方と似ています。焼く前日に仕込み、冷蔵庫でひと晩休ませると生地が落ち着きます。

材料（直径10cm 10枚分）

バター（食塩不使用）	150g
粉糖	75g
全卵	25g
卵黄	20g
薄力粉	250g

下準備
- バターを厚さ1cm弱に切り、常温に戻す。
- 全卵と卵黄を合わせて溶きほぐす。
- 薄力粉を2度ふるう。

7 BASIC TYPES OF PASTRY DOUGH

1 ミキサーボウルにバターを入れ、ビーターとともにスタンドミキサーにセットする。はじめは低速で混ぜ、すぐに中速、高速と速度を上げ、白っぽいクリーム状にする。粉糖の1/3量を加える。

2 はじめは低速で、すぐに中速、高速にして混ぜる。残りの粉糖を2回に分けて、同様に混ぜ合わせる。低速にし、卵を少しずつ加えてなじませ、中速にして、よく混ぜ合わせる。薄力粉を加え、低速で30秒混ぜる。

3 粉気が残ったぼろぼろした状態で、取り出す。

> 冷蔵庫で休ませるので、ここではむしろ混ぜすぎないように注意。

4 ビニールに❸を入れ、めん棒で上から押して全体をなじませ、冷蔵庫でひと晩休ませる。お菓子に応じて焼き上げる。

> バターがメインの生地なので、体温で溶けないよう、できるだけ直接触らないようにします。当日仕込むなら、2〜3時間以上休ませましょう。

パート・サブレ（サブレ生地）
PÂTE SABLÉE

ほろほろとした食感が特徴の、甘い練り込み生地。近年はパート・シュクレとほとんど区別しない傾向にあり、作り方も同様です。パート・サブレは特にほろほろとしたもろい食感を生かし、多くはクッキーなどの焼き菓子やフロランタン・サブレのように平らに薄くのばして使います。

材料

バター（食塩不使用）	125g
粉糖	125g
全卵	50g
薄力粉	250g
ベーキングパウダー	2.5g
塩	ひとつまみ

作り方

バターを厚さ1cm弱に切り分け、常温に戻す。全卵を溶きほぐす。薄力粉、ベーキングパウダー、塩を2度ふるう。パート・シュクレの作り方と同様にする。

基本の7つの生地

パート・ブリゼ（練り込み生地）
PÂTE BRISÉE

タルトの底生地に使うことが多く、基本は砂糖が入らず甘くありません。ただし目的によって砂糖を少量加えたり、水を牛乳に替えた配合にすることもあります。ほろほろと口の中で崩れるもろくて軽い食感に仕上がるよう、あまり時間をかけずに材料を混ぜ合わせることが大切。よく「練り込み生地」ともいわれますが、実際には練ってはいけません。練ると粘りのもとになるグルテンが形成され、歯ざわりの悪い生地になってしまいます。できれば前日に仕込み、冷蔵庫でひと晩休ませましょう。

材料
薄力粉	250g
バター（食塩不使用）	125g
卵黄	20g
冷水	50g
塩	2g

下準備
- 薄力粉は2度ふるい、冷蔵庫で冷やしておく。
- バターを1cm角に切り分け、冷蔵庫で冷やしておく。
- 卵黄を溶きほぐす。
- 冷水に塩を溶かす。

7 BASIC TYPES OF PASTRY DOUGH

1

作業台に薄力粉をのせ、バターを散らす。

2

コルヌ2枚をそれぞれ手で持ち、バターをあずき大に刻みながら、薄力粉に混ぜる。

3

バターがあずき大になったら、両手で薄力粉とバターをすり混ぜて、サラサラの状態にする。

4

小山のように寄せ、中央をくぼませる。くぼみに卵黄、塩水を入れる。

5

土手を崩すように、粉を少しずつくぼみに寄せ、指先で混ぜ合わせてひとつにまとめる。

6

生地をコルヌで半分に切って重ね、手のひらで上から押す。生地に粉気がなくなって全体にしっとりするまでくり返す。

> グルテンを出したくないので、絶対に練らないこと。

7

両手でひとかたまりにまとめたら、手前に折り込む。時計回りに90度回転させて横向きにし、同様に手前に折り込む。

8

❼をくり返す。手前から徐々に空気を抜きながら、丸く形を整える。

9

手のひらで平らに押し、ビニールで包み、冷蔵庫でひと晩休ませる。お菓子に応じて焼き上げる。

> 当日仕込むなら、2〜3時間以上休ませましょう。

基本の7つの生地

パータ・シュー（シュー生地）
PÂTE À CHOUX

この生地は、その名の通りシュークリームを作るのに欠かせません。水分量が多い生地の特性を生かし、高温で一気に加熱して大きくふくらませ、さらに水分を抜きながら空洞のまま焼き上げるのが特徴です。大切なのは、生地を練るときに薄力粉にしっかり火を入れること。加熱が足りないと、いったんふくらんだ生地がしぼんでしまいます。卵をしっかりと混ぜ込んで、コクのあるなめらかな状態に仕上げましょう。またカフェ・バッハでは水の一部を牛乳に替えて、リッチな配合にすることもあります。

材料（作りやすい分量）

バター（食塩不使用）	90g
薄力粉	120g
水	200g
塩	2g
全卵	200g

下準備
- バターを1cm角に切り分ける。
- 薄力粉を2度ふるう。
- 水に塩を溶かす。
- 全卵をよく溶きほぐす。

7 BASIC TYPES OF PASTRY DOUGH

1
銅ボウルに塩水とバターを入れ、中火にかけて沸騰させ、木べらで混ぜてバターを完全に溶かす。

> 銅ボウルがなければ、家庭用の鍋でも作ることができます。焦げないように気をつけましょう。バターを同じ大きさの角切りにしておくことで、さっとほぐれ、短時間かつ同時に溶かすことができます。

2
火を止め、薄力粉を一度に加える。ダマができないよう、手早く一気に混ぜ合わせる。粉気がなくなり、ひとつにまとまってくる。

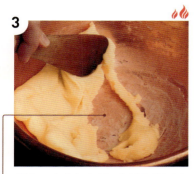

3
弱めの中火にかけ、生地を銅ボウルの壁面に広げて、水分を飛ばすようにしながらしっかり炊く。

> 壁面に薄い膜ができたら、炊き終わりの合図。

4
❸をミキサーボウルに入れ、ビーターとともにスタンドミキサーにセットする。低速で2〜3回混ぜ、温度を少し下げる。全卵を少量加え、中速でしっかり混ぜ、残りも同様に加えて混ぜる。

> ミキサーボウルの壁面に生地がついたら、そのつどミキサーを止め、コルヌで落してください。生地が均一に混ざるポイントです。

5
生地にツヤが出て、ドロッとかたまりで落ちるくらいの濃度になったらでき上がり。生地が温かいうちに絞り袋に詰めて使う。お菓子に応じて焼き上げる。

> 生地が冷めると、かたくなって扱いづらくなります。冷めてしまったら、湯せんで温め直し、袋に詰めてください。

31

基本の7つの生地

パート・フイユテ
（折り込みパイ生地）

PÂTE FEUILLETÉE

小麦粉の生地（デトランプ）とバターを交互に折り込んでごく薄く重ねたパイ生地のこと。焼くと、バターが溶けて生地にしみ込むとともに生地がふくらんで何層にもなり、口に入れるとふわっとバターの香りが満ち、サクサクッともろく砕けて軽い味わいが生まれます。長時間冷蔵庫で休ませるので、使う前日に仕込みましょう。とてもデリケートな生地なので、生地の温度が高くならないように注意し、冷蔵庫にこまめに入れるのがコツ。バターが溶けると美しい層ができません。パート・フイユテは冷凍できるので、この本では作りやすい分量でご紹介しています。

材料（作りやすい分量）

【小麦粉の生地】（デトランプ）
- バター（低水分*、食塩不使用）…50g
- 強力粉……………………………250g
- 薄力粉……………………………250g
- 冷水………………………………250g
- 塩…………………………………10g

バター（低水分*、食塩不使用、折り込み用）……………………400g

打ち粉（強力粉）…………………適量

＊水分含有量が普通のバター（15〜17%前後）よりも2〜3%前後低く、溶けにくいため、安定した状態を保てて伸縮性がよく、折り込みが容易。焼き上がりのサクッとした口当たりの軽さも得られる。普通の食塩不使用のバターでもよい。

下準備
- バターはどちらも冷蔵庫で冷やす。
- 粉類（強力粉と薄力粉）を合わせて2度ふるい、冷蔵庫で冷やす。
- 冷水に塩を溶かす。

7 BASIC TYPES OF PASTRY DOUGH

1 小麦粉の生地（デトランプ）を仕込む。ボウルに粉類を入れる。バターをめん棒でたたいて平たくし、手で小さくちぎって散らす。

2 塩水を加え、コルヌでバターを小さく切りながら、手で生地全体をボウルに押しつけて、混ぜ合わせる。

> 粉の水分量によって、少量の水を加えてかたさを調整してください。その場合、水は乾いている部分にかけましょう。

3 ひとつにまとまったら、作業台に取り出し、コルヌで小さく切る。

4 生地を重ね、作業台に押しつけて混ぜ合わせる。この作業をくり返し、粉気がなくなったら丸くまとめる。

> グルテンが出るのを抑えるため、けっして練らないようにしてください。

5 生地の高さの半分弱まで、包丁で十文字に切り込みを入れ、ビニールで包み、冷蔵庫で60分休ませる。

> 休ませる目的は2つ。1つは、小麦粉の生地を4〜5℃に冷やし、形成されたグルテンを弱めるため。2つ目は、折り込み用のバターと同じ温度にし、バターを溶けにくくするため。

6 作業台に打ち粉を少しふり、折り込み用のバターをのせてめん棒でたたき、20cm角にのばす。冷蔵庫に入れる。

> 次の小麦粉の生地をのばす作業を行う間、バターが溶けないように冷蔵庫に入れておきます。

7 作業台に打ち粉をし、❺をのせ、切り込みの上にめん棒を当てて、上から押し広げる。

8 角を4つともそれぞれ外側にめくるように開き、正方形にする。

9 角をのばすように、内側から外側にめん棒を転がす。中央は厚いままにする。

> 中央は、あとで折り込むときに引っ張って薄くなるため、厚いままにしておきます。

☞ p.34に続く　33

基本の7つの生地

10
中央に、冷蔵庫から取り出したばかりの❻をのせ、生地の四隅を折り返す。生地の端を下から引っ張ってバターを完全に包み込み、密着させる。

11
生地の合わせ目を指でつまんで、しっかり閉じる。ビニールで包み、冷蔵庫で60分休ませる。

12
三つ折りと幅出しをする。作業台に打ち粉をし、⓫の閉じ目を上にしてのせ、めん棒を奥の端、手前の端、中央、その上下の順に押し当てて横幅を20cmにする。

> 最初に両端を押さえることで、バターが外にはみ出るのを防ぐことができます。

13
めん棒を生地の中央から奥へ転がして上半分をのばし、次に中央から手前に転がして、下半分をのばして60cmの長さにする。長さは横幅の3倍を目安にする。

14
生地の奥1/3を手前にすべらせながら折り重ね、折り口を指で密着させる。

15
2枚が重なった端にめん棒を押し当てる。

> バターが端からはみ出るのを防ぎます。

16
生地全体を時計回りに90度回転させ、左1/3を左から折り重ねる。⓭〜の作業をもう1回くり返す。この三つ折り2回を"1セット"とする。

17
生地の端を指で押し、1セット終了の印をつける。ビニールで包み、冷蔵庫で60分休ませる。⓭〜⓰をくり返し、2セット目を終えたら指で2つ印をつける。ビニールで包み、冷蔵庫で60分休ませる。

18
3セット目を終えたら指で3つ印をつけて、折り込みを終える。ビニールで包み、冷蔵庫でひと晩休ませる。お菓子に応じて焼き上げる。

> 当日仕込むなら、2〜3時間以上休ませましょう。

7 BASIC TYPES OF PASTRY DOUGH

フイユタージュ・ラピッド

（速成折り込みパイ生地）

FEUILLETAGE RAPIDE

折り込みパイ生地のパート・フイユテ（☞p.32）は美しい層に焼き上がる一方、仕込みに長時間かかるのが難点。パイ菓子の中には、アップルパイのようにある程度生地の層ができていれば不規則でもよいものがあります。そういう場合に、このフイユタージュ・ラピッドを使います。小麦粉の生地（デトランプ）を仕込まないぶん時間を短縮でき、手間もかかりません。折り込み後に冷蔵庫で休ませる時間もパート・フイユテより短く、使う当日に仕込めるので、時間のないときにも便利。

材料（直径20cmのパイ皿2台分）

バター（低水分、食塩不使用）	400g
強力粉	250g
薄力粉	250g
冷水	250g
塩	8g

下準備

- バターは約2cm角に切り、冷蔵庫で冷やしておく。
- 強力粉と薄力粉を合わせて2度ふるい、冷蔵庫で冷やしておく。
- 冷水に塩を溶かす。

1

ボウルにバターと粉類を入れ、手とコルヌで軽く混ぜ、バターに粉をまぶす。塩水を加えて混ぜ、コルヌで粉を中央に寄せながら、手で押しつけながら混ぜる。

> バターの形が残っていてもかまいません。

2

❶を作業台に移し、両手で大まかに幅20cmほどの縦長にまとめる。

3

めん棒を当て、両手に体重をのせて押し、縦長にのばす。

4

コルヌを添えながら、三つ折りにする。90度回転させる。

> 生地が柔らかく、粘り気もあるので、コルヌを使って行いましょう。

5

めん棒を生地の中央に当て、奥へ転がしてのばす。同様に中央から手前に転がしてのばし、60cm長さにする。

> 三つ折りにするときの長さの目安は、横幅の3倍です。

6

コルヌを添えながら奥1/3を手前に折り重ねる。生地を時計回りに90度回し、左1/3を折り重ねる。❺〜をもう1回くり返す。この三つ折り2回を"1セット"とする。ビニールで包み、冷蔵庫で40分休ませる。❺〜を同様に2セット行い、計3セット行う。そのつどビニールで包み、冷蔵庫で60分休ませる。

基本の3つのクリーム

5分立て

8分立て

クレーム・シャンティー
（ホイップクリーム）

CRÈME CHANTILLY

生クリームに砂糖を加えて泡立てたもので、ホイップクリームの名でもおなじみ。泡立てる程度によって口当たりや状態がかなり変化します。この本でよく使うのはとろとろとしたゆるい泡立ちの「5分立て」、生地に塗る「8分立て」の2通り。用途によって使い分けましょう。なお、生クリームを泡立てるときには10℃以下を保つと均一できれいな泡が作れます。必ず氷水に当てて作業しましょう。生クリームのみを泡立てたものはクレーム・フエッテといいます。

材料（作りやすい分量）

生クリーム（乳脂肪分40％） …… **350g**
粉糖（生クリームの9％） …………… **32g**

作り方

ボウルに生クリームを入れ、氷水に当てて10℃以下を保ち、一定のリズムで泡立てる（写真）。

徐々に小さな泡が増え、泡立て器にからみつくくらいにとろみがついてきたら、粉糖を一度に入れて、さらにかき混ぜる。

クレーム・パティシエール
(カスタードクリーム)

CRÈME PÂTISSIÈRE

卵の甘みと牛乳のミルキーな味わいでおなじみの、いわゆるカスタードクリーム。基本材料は牛乳、卵黄、砂糖、粉とシンプルなぶん、配合によってコクや味わいが大きく変わります。カフェ・バッハでは、牛乳と卵黄の分量を多く、薄力粉を少なくして、ひと口目からおいしさがはっきり分かるリッチで濃厚な味わいを目指しています。

材料(作りやすい分量)

卵黄	72g
グラニュー糖	90g
薄力粉	30g
牛乳	300g
バニラのさや	¼本

下準備

- 銅鍋に牛乳を入れる。バニラのさやを縦に裂いて種をこそげ取り、さやごと加える。
- 薄力粉を2度ふるう。

1

ガラスボウルに卵黄を入れ、泡立て器でよく溶きほぐす。

> 卵黄とグラニュー糖をすり混ぜるとき、できるだけ空気を抱き込まないようにします。

2

グラニュー糖を入れ、泡立て器を左右に強く、直線を描くように動かしてすり混ぜる。白っぽい状態になったら薄力粉を加え、混ぜ合わせる。

3

牛乳の入った銅鍋を火にかけて沸騰させ、少量を❷に加えてよく混ぜ、なじませる。残りを少しずつ加えながら、泡立て器で混ぜ合わせる。こしながら銅鍋に戻す。

4

銅鍋を強めの中火にかけ、焦げないように、鍋底を泡立て器で常に混ぜながら炊く。

> 銅鍋ではない鍋を使う場合は、焦げつくことがあるので、やや火力を弱めますが、弱火はNGです。

5

濃度が増して重くなってくるが、力いっぱいかき混ぜ続け、粉に火が通って少し軽くなったら中火にし、さらに混ぜる。泡立て器ですくい、サーッと落ちたらでき上がり。

6

❺を熱いうちにバットに流し、泡立て器で表面をならし、すぐにラップを密着させる。氷水を入れたバットにのせ、粗熱をとる。

> ラップをしないと、表面が乾燥してしまいます。すぐに使わない場合は冷蔵庫で保存します。

基本の3つのクリーム

バタークリーム
BUTTERCREAM

バターとイタリアンメレンゲ（☞p.40）を合わせて作るバタークリームは、口溶けがよくミルキーで、軽いながらもコクのある味わいが特徴です。よく「バタークリームは重い」といわれる理由の多くは、メレンゲの気泡がつぶれてしまったことによるもの。リッチな味わいにするために、イタリアンメレンゲの代わりに、卵黄を使うパータ・ボンブやクレーム・パティシエール、アングレーズソースなどでコクをつけるなどのアレンジもします。コーヒーエキスなどを加える場合は、仕上げに高速で混ぜて香りを立たせます。本書では、バタークリームそのものを使うお菓子はありませんが、「ダコワーズ」（p.110）のクリームは、ほぼ同じ作り方です。

材料（作りやすい分量）

バター（食塩不使用）	188g

【イタリアンメレンゲ】
（作りやすい分量。130gを使用）

卵白	100g
グラニュー糖	160g
水	50g

下準備
- バターは厚さ1cm弱に切り、常温に戻す。

1 p.40の要領で、イタリアンメレンゲを作る。130gを使う。

2 スタンドミキサーにワイヤーホイップと新しいミキサーボウルをセットし、バターを入れる。はじめは低速で混ぜ、すぐに高速にして白っぽいクリーム状にする。

3 ❷に❶を¼量加え、よく混ぜてなじませる。

4 残りの❶を3回に分けて加え、中速で混ぜる。メレンゲが見えなくなり、均一に混ざったらでき上がり。

> 壁面についたクリームは、コルヌでそのつど落としましょう。均一なクリームになります。

クレーム・ダマンド
（アーモンドクリーム）
CRÈME D'AMANDES

アーモンドの風味をたっぷりときかせたクリーム。バター、粉糖、卵、アーモンドパウダーの4種を同割で混ぜ合わせて作るのが基本形。シンプルな味わいなので汎用性があり、ピティヴィエ（☞p.92）のようにそのままパイで包んだり、クレーム・パティシエール（☞p.37）と混ぜ合わせてより風味やコクのあるクリームにしたり、使い方はさまざま。バニラと合わせて甘い香りをつけたり、シナモン香をつけるなど、幅広く活用できます。できれば前日に仕込んで状態を落ち着かせましょう。

材料（作りやすい分量）

バター（食塩不使用）	90g
全卵	60g
粉糖	90g
アーモンドパウダー	90g
アマレット酒*	18g

* 生アーモンドの香りのイタリアのリキュール。

下準備

- バターは厚さ1cm弱に切り、常温に戻す（指の跡がつくくらいの柔らかさ）。
- 全卵を溶きほぐす。
- アーモンドパウダーはザルで2度こす。

1

ボウルにバターを入れ、泡立て器でよくすり混ぜて柔らかいクリーム状にする。粉糖を加え、粉っぽさがなくなり白っぽくなるまですり混ぜる。

> バターがかたいと粉糖を加えても均一に混ざらないので、下準備で常温に戻しておきましょう。

2

❶に全卵を少量加え、よくすり混ぜてなじませる。

3

全卵を加える量を増やしながら、均一な状態に混ぜ合わせ、アーモンドパウダーを一度に加える。

4

> 当日作るときは、最低でも冷蔵庫で2〜3時間休ませます。冷蔵庫から出してすぐはかたいので、使うときは泡立て器で柔らかくほぐしましょう。

泡立て器を逆手で握り、しっかりと混ぜて濃度のあるなめらかな状態にする。アマレット酒を加え混ぜる。ラップをかぶせて、冷蔵庫でひと晩休ませる。

基本の2つのメレンゲ
2 BASIC TYPES OF MERINGUE

メレンゲ
MERINGUE

メレンゲとは、卵白を泡立ててたっぷりと空気を抱かせ、キメ細かくふわっとしたなめらかな泡にしたもの。砂糖も混ぜて、泡をできるだけ保つようにします。基本のメレンゲは加熱して仕上げる場合に使います。たとえば粉の生地などに混ぜて焼き、気泡を膨張させて生地をふっくらと焼き上げたり、メレンゲが主体でアーモンドパウダーなどを混ぜて焼き、口溶けのよい軽いお菓子を作ったりします。卵白と砂糖の割合を変えることでメレンゲの性質も変わるので、用途に応じて使い分けます。

作り方 *配合は各お菓子を参照

1. ミキサーボウルに卵白を入れ、ワイヤーホイップを手で持って溶きほぐす。グラニュー糖の⅓量を加え、軽く混ぜてなじませる。塩を加える場合はここで加える。

> スタンドミキサーを使う場合は、泡立ちすぎを防ぐために最初に砂糖を加えます。手で泡立てる場合は卵白だけを泡立て器にからむくらいに泡立てて、それから砂糖を加えます。

2. スタンドミキサーに❶とワイヤーホイップをセットし、低速で混ぜ、すぐに高速にする。残りのグラニュー糖を2回に分けて加えてしっかり混ぜ、大きなたくさんの泡を作る。

3. グラニュー糖を入れ終えたら中速、低速と順に速度を落とし、泡をキメ細かくする。ミキサーを止め、ワイヤーホイップを手で持ってやさしくかき混ぜ、なめらかでツヤのあるツノが立った状態にする。

イタリアンメレンゲ
ITALIAN MERINGUE

卵白に118～120℃に熱したシロップを加えながら泡立てて作る、コシの強いメレンゲです。高温で加熱しながら泡立てるのと同じようになるので、メレンゲの泡がしっかりとしてつぶれにくいのが特徴です。また熱いシロップで卵白を殺菌できるので、クレーム・パティシエール（☞p.37）やバタークリーム（☞p.38）などに混ぜ合わせてそのまま食べる場合や、冷菓など加熱しないものに使われます。卵白を泡立てながら熱いシロップを少量ずつ加えるので、スタンドミキサーがあると便利です。

作り方 *配合は各お菓子を参照

1. 鍋に水とグラニュー糖を入れて加熱して沸騰させ、煮つめて118～120℃にする。200℃温度計がない場合、シロップ少量を冷水に落とし、指でつまんだときにひとかたまりの弾力のある飴状になっていれば適温。同時に、❷の卵白の泡立ても進める。

2. ミキサーボウルに卵白を入れ、ワイヤーホイップとともにスタンドミキサーにセットする。初めは低速で混ぜ、少し泡立ってきたら、❶を少しずつ加えながら高速にし、しっかりと泡立てる。キメが細かくなめらかでツヤがあり、ツノがピンと立った力強い状態になればでき上がり。

卵白の鮮度とメレンゲの泡の関係

卵白は鮮度のよしあしによって泡の性質が違います。古いと泡立ちやすいものの、泡そのものが弱くてつぶれやすく不安定。新しいと泡立ちにくく時間がかかりますが、キメの細かい安定したメレンゲを作ることができます。

第2章

浅煎りに合うお菓子

マドレーヌ
MADELEINE

フランスのコメルシーが発祥地といわれる、焼き菓子の定番。外はきちんと焼き込んで香ばしく、中はしっとり仕上げるためには焼く温度がとても大切です。また、焼く前日に生地作りをしてひと晩休ませ、状態を落ち着かせるとよいでしょう。マドレーヌの、あの独特のポコッとした突起は、冷やした生地を焼くことで生まれます。17〜18℃の生地を210℃のオーブンに入れると外側が早く焼き固まります。時間差で中の生地に熱が伝わり、膨張しようとするときには外側が壁になって、行き場がなくなり、マグマのように真ん中が盛り上がる、というわけです。バッハではもみの木のはちみつとレモンの皮を加え、ただの焼き菓子にならない上等なお菓子に仕立てています。食感も香りもデリケートな生地のおいしさをどうぞ楽しんでください。

材料（シェル型22個分）

全卵	125g
グラニュー糖	125g
薄力粉	125g
ベーキングパウダー	5g
バター（食塩不使用）	125g
はちみつ	25g
バニラエッセンス	5滴
レモンの皮*	½個分

＊レモンを粗塩でこすり洗いし、表皮をすりおろしたもの。

下準備

当日

- マドレーヌ型に溶かしバター（分量外）を薄く塗り、冷蔵庫で冷やしてから強力粉（分量外）を薄くふり、再び冷蔵庫に入れて冷やす。

🕑 オーブンの予熱は210℃

コーヒーとの相性

浅	中	中深	深
◎	◎	△	×

柔らかい酸味と複雑な味わいを持つ上品なコーヒーと合わせると、デリケートな生地の味が締まっておいしさがぐっと持ち上がります。またはちみつの香りともバッティングせず、きれいな酸味がレモンの皮の香りにも通じてアクセントとしてより効果的。焙煎なら浅煎りから中煎り、中深煎りでも焙煎の浅いものまでに留めましょう。一般に、焼きっぱなしのお菓子は焙煎の進んだコーヒーと合わせるとコーヒーが全体を支配するので相性はよくありません。

BACH'S SELECTION
- BEST　浅　ベトナム・アラビカ
- BETTER　中　パナマ・ドンパチ・ゲイシャW
- OTHER　浅　ハイチ・バプティスト　中　コスタリカPN

1  前日 薄力粉、ベーキングパウダーを合わせて2度ふるう。	**2**  バターを1cm角に切り、湯せん（60℃）にし、溶かしバターにする。	**3**  ボウルに全卵を入れ、泡立て器でほぐしてコシを切る。
4  ❸にグラニュー糖を一度に加え、泡立て器でボウルの底をかくようにして、均一に混ぜ合わせる。はちみつも混ぜ、バニラエッセンスとレモンの皮を加え混ぜる。	**5**  ❶の粉類を一度に加え、泡立て器をゆっくりと大きく動かす。	**6**  粉気がなくなるまで混ぜ合わせる。
7 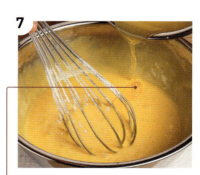 ❷の溶かしバターを少量混ぜる。 まずは少量混ぜて生地になじませます。	**8**  残りの溶かしバターを加え、混ぜ合わせる。ビニールをかぶせ、冷蔵庫でひと晩休ませる。 できたての生地は砂糖が完全に溶けていないので、焼く前日に作って、ひと晩休ませることで、味がなじみ、生地が落ち着きます。当日作るなら、2時間以上休ませましょう。	**9**  当日 ❽を冷蔵庫から取り出し、常温に10分おく。泡立て器で混ぜて生地の状態を均一にし、12mm丸口金をつけた絞り袋に詰める。 生地の温度が17〜18℃になるのが目安。

浅煎りに合うお菓子

10
型を冷蔵庫から取り出し、❾を8分目まで絞る。型を10cmほど浮かして作業台に落とし、生地を整える。

11
210℃のオーブンで7〜8分焼いて外側を焼き固め、160℃に下げてさらに8〜9分焼き、芯まで火を通す。焼き上がったら型からはずし、クーラーにのせて冷ます。

> ポコッと飛び出た部分が焼けたら、全体に火がきちんと入った証拠です。

マドレーヌに思うこと

　マドレーヌは、その味もさることながら、フォルムの美しさに長年魅せられてきました。
　ものの本では、はじまりは帆立貝の殻に生地を詰め、焼き上げたと言われています。焼き型には大きく分けて2タイプあるようで、平たい帆立貝の形をした型には大小さまざま種類があるようですが、個人的には、本書でご紹介した貝殻の型が気に入っています。
　この形状の貝殻には、いまだ出会ったことがありません。そこで「もしや、古の帆船の帆の型では？」とひらめき、「焼成中の生地のふくらみは、帆が追い風を受けてふくらんだ順風満帆状態かな？」などなど、ロマンが広がります。このお菓子を作るときには、なぜか心も安らぎます。

45

いちごのタルト
TARTE AUX FRAISES

アーモンド風味のほろほろともろいタルト生地に、クレーム・ブリュレ液と生クリーム、そしてたっぷりのいちごを組み合わせたタルトの王道。生地のバターやアーモンド香、たっぷりのクリームを、口の中に広がるいちごからほとばしる果汁がすっきりきれいにまとめてくれます。このフレッシュな酸味が味のポイントなので、一番おいしいのはいちごの〝はしり〟、11月下旬頃。カフェ・バッハでは、酸味の弱くなる4月末頃にはおしまいにする、冬から春にかけてのお菓子です。

コーヒーとの相性

浅	中	中深	深
◎	△	△	×

いちごの華やかな味は、きれいな酸味、甘み、フレッシュ感などいろいろな成分が上品に調和したブレンドのよう。他のフルーツにはないいちごの個性を引き立たせるには、同じように上品で柔らかな酸味のあるすっきりとしたコーヒーがよく合います。いちごは時季やものによって味のバランスが変わるので、特に甘みが勝っているときには浅煎りのコーヒーで酸味をプラスしてもよいでしょう。個性の強いコーヒーとはあまり相性がよくありません。

BACH'S SELECTION
BEST ▶ 浅 ブルーマウンテンNo.1　　BETTER ▶ 中 ニカラグア

材料（直径7cmのミラソン型16個分）

パート・シュクレ・オ・ザマンド
バター（食塩不使用）	150g
粉糖	100g
アーモンドパウダー	80g
全卵	50g
薄力粉	220g
塩	ひとつまみ
打ち粉（強力粉）	適量

クレーム・ブリュレ液
卵黄	120g
グラニュー糖	100g
A 生クリーム（乳脂肪分47％）	250g
A 牛乳	85g
バニラのさや	1/3本

いちご　　40粒

クレーム・シャンティー A
生クリーム（乳脂肪分40％）	200g
粉糖	40g

クレーム・シャンティー B
生クリーム（乳脂肪分40％）	100g
粉糖	9g

ナパージュ（仕上げ用）　　適量
ピスタチオ（仕上げ用）　　適量

下準備

前日 ※パート・シュクレ・オ・ザマンドを仕込む
- バターを厚さ1cm弱に切り、常温に戻す。
- 全卵は溶きほぐす。
- 薄力粉を2度ふるう。
- 粉糖とアーモンドパウダーをザルで2度こす。

当日
- Ⓐを合わせる。
- バニラのさやを縦に裂き、種をこそげ取る。
- いちごはヘタを取り、縦半分に切る。

 オーブンの予熱は**190℃**

浅煎りに合うお菓子

1

[前日] パート・シュクレ・オ・ザマンドをp.27の要領で仕込む。このとき、塩は薄力粉と一緒に加える。冷蔵庫でひと晩休ませる。

2

[当日] 作業台に打ち粉をし、❶を冷蔵庫から取り出して置き、めん棒で厚さ3mmにのばす。直径9.5cmの丸抜き型で16枚抜き、ミラソン型の上にのせ、指で押さえながら空気が入らないように敷く。縁からはみ出した生地を、コルヌを斜めに当てて削り落とす。

3

天板に❷を並べ、グラシン紙を敷き、あずきで重しをして、190℃のオーブンで12～15分焼く。縁がうっすらと色づいたら取り出して重しをはずし、さらに3～4分焼く。型から出して冷まし、オーブンの温度を180℃に下げる。

液体を流し入れるので、穴をあけず、から焼きします。

4

クレーム・ブリュレ液を作る。ボウルに卵黄を入れ、泡立て器で溶きほぐす。グラニュー糖とバニラの種を加え、混ぜる。🅰を少しずつ加えながら、泡立てないように静かに混ぜ、こし器でこす。

5

天板を2枚重ね、❸の生地をミラソン型に戻して並べる。❹をレードルで8～9分目まで流す。

6

180℃のオーブンで約22分焼く。型をはずし、クーラーにのせ、粗熱がとれたら冷蔵庫で30分冷やす。

軍手をした手で型を少しゆらし、液体の表面が小さく波打たなくなったら焼き上がり。焼きすぎるとなめらかな食感がなくなってしまいます。

7

p.36の要領で、9分立てのクレーム・シャンティー 🅰、🅱を作る。🅰を18mm丸口金、🅱を中星形口金をつけた絞り袋にそれぞれ詰める。

8

❻を冷蔵庫から取り出し、❼のクレーム・シャンティー🅰を釣鐘状に、縦長に絞る。いちご5切れをクリームに立てかけるように置く。

9

ナパージュは水を加えて沸騰させ、濃度を調整する。ハケでいちごにナパージュを塗り、トップにクレーム・シャンティー🅱を絞り、ピスタチオを飾る。

タルト・オ・シトロン
TARTE AU CITRON

直径8cmの小さなタルト12個にたっぷりとレモン約3個分の果汁を使って、レモンの酸味と香りをしっかり生かしたお菓子。主役となるレモンのシャープな酸味をおいしくいただくため、甘みをきかせて卵やバターでつなぎ、舌の上でゆっくりととろける濃厚でまろやかなクリームに。さらにノワゼット（ヘーゼルナッツ）風味のタルト生地が口の中で一緒になって、いっそう丸みを帯びておいしくなります。乾燥させたレモンの輪切りが姿と味のアクセントになって、飽きることなくいただけます。

コーヒーとの相性

レモンの酸味とタルト生地のノワゼット香が味わいのポイント。合わせるコーヒーはそれらと調和する香りを持つ浅煎りがおすすめ。ナッツ香やオイリーなのど越しを持つタイプならお菓子とのつなぎ役に。焙煎が浅いうちは柑橘やレモンの香り、メープルの甘い香りが強いのでコーヒーと合わせることでお菓子の味も深まります。苦みの強いコーヒーは、酸味と分離するので合いません。

BACH'S SELECTION
- BEST　浅　ハイチ・バプティスト
- BETTER　浅　ブルーマウンテンNo.1
- OTHER　浅　ブラジルW、ソフトブレンド

材料（直径8cmのフラン型12個分）

パート・シュクレ・オ・ノワゼット
バター（食塩不使用）	150g
粉糖	63g
全卵	50g
薄力粉	63g
強力粉	187g
ノワゼットのタンプータン[*1]	63g
塩	1g

クレーム・シトロン・レジェール
バター（食塩不使用）	225g
全卵	150g
グラニュー糖	125g
カスタードパウダー[*2]	15g
レモンの搾り汁	120g
レモンの皮[*3]	1個分

レモンのセシェ（自家製乾燥レモン）
レモン（輪切り）	12枚
シロップ[*4]	適量

グラニュー糖（仕上げ用）	適量

[*1] ヘーゼルナッツパウダーと粉糖を1:1で合わせ、ザルで2回こしたもの。
[*2] とろみづけに使用する。製菓材料店で手に入る。
[*3] レモンを粗塩でこすり洗いし、表皮をすりおろしたもの。
[*4] 水とグラニュー糖を1:1の割合で合わせて煮溶かしたもの。

下準備

前日 ※パート・シュクレ・オ・ノワゼットを仕込む

- バターを厚さ1cm弱に切り、常温に戻す。
- 全卵は溶きほぐす。
- 粉類（薄力粉と強力粉）を合わせて2度ふるう。

当日

- クレーム・シトロンの全卵を溶きほぐす。バターを1cm角に切り分ける。
- フラン型に薄くバター（分量外）を塗る。

オーブンの予熱は**180℃**

1

前日 パート・シュクレ・オ・ノワゼットを、p.27の要領で仕込む。このとき、クリーム状にしたバターに、粉糖と塩、ノワゼットのタンプタン、全卵、粉類の順に加え混ぜる。冷蔵庫でひと晩休ませる。当日作る場合は、2〜3時間休ませる。

2

当日 ❶を作業台に置き、めん棒で厚さ2.5mmにのばし、丸皿などを当てて直径11cmの円形に抜く。これを12枚作る。フラン型にすき間のないように敷き、グラシン紙を敷いてあずきで重しをする。180℃のオーブンで18〜20分焼く。重しをはずし、型に入れたままクーラーにのせて冷ます。オーブンの温度を90〜100℃に下げる。

3

クレーム・シトロン・レジェールを作る。銅鍋に全卵、グラニュー糖、カスタードパウダーを入れ、泡立て器でよく混ぜる。レモンの搾り汁と皮も混ぜ、中火にかけ、泡立て器でかき混ぜながら沸騰させる。別鍋にバターを入れて溶かし、銅鍋に少しずつ加え混ぜ、ツヤのあるなめらかな濃度にする。

> このクリームは、ツヤとなめらかさが命！ 熱い溶かしバターを少しずつ加えながら、泡立て器をリズムよく回して、一体化させてください。

4

❷の生地を型ごとバットに並べ、レードルで❸のクレーム・シトロンを8分目まで入れる。冷蔵庫で冷やし固める。

5

レモンのセシェを作る。天板にクッキングシートを敷き、レモンを並べ、ハケでシロップを塗る。90〜100℃のオーブンに入れ、ダンパーを開けた状態で1時間焼く。再度シロップを塗って、同様に1時間焼く。

> 家庭用オーブンなら、10〜15分に1回、オーブンを開けて蒸気を抜きましょう。

6

❹を型からはずし、耐熱性の板などの上に置き、表面に茶こしでグラニュー糖（仕上げ用）をふる。縁をアルミ箔でおおい、バーナーで表面をカラメリゼし、❺を飾る。

トゥルト・パスティス
TOURTE PASTIS

仕上げに粉糖をふると、まるで山脈にかぶった雪のようにも見えるやさしい姿のフランス・ミディ=ピレネー地方のお菓子。焼きっぱなしの生地のおいしさが存分に味わえる、素朴なお菓子です。材料がシンプルゆえに、アニスシードの香りのスパイシーなリキュール「パスティス」の香りやほのかなバニラ香が口にふわっと広がります。キメ細かくて〝もそっ〟とした乾いた食感は、コーヒーあってこそおいしくいただけます。

コーヒーとの相性
浅 / 中 / 中深 / 深
◎ / △ / △ / ×
BACH'S SELECTION
BEST → 浅 ブラジルW
BETTER → 浅 ベトナム・アラビカ

このお菓子のアニスやバニラの香りを大切にするには、軽やかなコーヒーを合わせるとよいでしょう。特に柔らかく甘い香りのコーヒーはお菓子をやさしく包み込んで、お菓子の輪郭がぐっと引き立ってきます。コーヒーの温度を高めにすると、パスティスの香りがいっそう広がります。一方で果実味や強い酸味を持つコーヒーや、スパイシーな香りが強くなる深煎りのコーヒーは、お菓子の味や香りが押しつぶされるので避けたいところです。

浅煎りに合うお菓子

材料（直径18cmのブリオッシュ型1台分）

バター（食塩不使用）	75g
生クリーム（乳脂肪分47%）	12g
生クリーム（乳脂肪分40%）	13g
バニラのさや	½本
グラニュー糖	100g
全卵	125g
【粉類】	
┌ タンプータン*	30g
│ 薄力粉	170g
└ ベーキングパウダー	5g
パスティス酒	20g
打ち粉（強力粉）	適量

＊アーモンドパウダーと粉糖を1:1で合わせ、ザルで2回こしたもの。

下準備

- ブリオッシュ型は澄ましバター（分量外）を塗り、冷蔵庫で冷やす。

- バターは厚さ1cm弱に切り、常温に戻す。
- 生クリームは2種を合わせる。
- バニラのさやは縦に裂いて種をこそぎ取る。
- 全卵は溶きほぐす。
- 粉類を合わせてザルで2度こす。

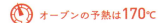
オーブンの予熱は170℃

1

スタンドミキサーにビーターとミキサーボウルをセットし、バターを入れ、低速で混ぜ、すぐに高速にしてクリーム状にする。生クリームを入れて均一な状態にする。途中でバニラの種を加えて混ぜ合わせる。

2

グラニュー糖を3回に分けて加え混ぜる。ミキサーを止めてビーターを取り外し、コルヌでボウルの壁面やビーターに残った生地をかき落とす。ワイヤーホイップにつけ替え、全卵の⅔量を加えて低速で混ぜ、すぐに高速にする。

> この生地はミキサーボウルの側面につきやすいので、コルヌで落とすことを忘れないように。

3

粉類を一度に加え、低速でていねいに混ぜ合わせて粉気がなくなったら、残りの全卵を少しずつ混ぜて均一にする。ミキサーボウルをはずし、パスティス酒を加えゴムべらで均一に混ぜる。

4

ブリオッシュ型を冷蔵庫から出し、打ち粉を薄くし、❸を入れる。

5

パレットナイフで生地を型の中心から縁へ引き寄せ、中央をくぼませてすり鉢状にならす。天板にのせ、170℃のオーブンで50～55分焼く。粗熱がとれたら型から取り出し、クーラーにのせて冷ます。

advice

バター生地の中では卵の割合が多いので、全卵の⅔量を混ぜたら粉を全量混ぜ、最後に残りの全卵を加えてください。手早く均一の状態に混ざるよう、材料の温度はできるだけ近づけておくのが基本です。バターや卵は前もって冷蔵庫から出して常温にし、卵は溶きほぐしてから使うことが大切です。

ブール・ド・ネージュ
BOULES DE NEIGE

フランス語で「雪のボール」を意味するこのお菓子は、その名のとおり、粉糖をまとった真っ白で小さい丸い姿。口に入れるともろく崩れ、ヘーゼルナッツとアーモンドの香りが豊かに広がります。手でつまんでそのまま一口でいただける気負いのないお菓子で、まるで日本の干菓子のよう。コーヒーカップに添えて供するのもよいでしょう。

コーヒーとの相性	ナッツの香りやほろほろと崩れる繊細な食感を楽しむため、コーヒーは味や濃度のあまり強くないものを。デリケートでバランスのよい味と高い香りを持つ、浅煎りがよいでしょう。ただし酸味の強いタイプは合いません。また淹れ方でいうと、濃度の濃くならないサイフォンも向いています。
浅 ◎　中 △　中深 △　深 × **BACH'S SELECTION** BEST ▶ 浅 ソフトブレンド BETTER ▶ 中深 コロンビア OTHER ▶ 浅 ブラジルW。サイフォン抽出も	

材料（90個分）

生地

バター（食塩不使用）	168g
粉糖	70g
薄力粉	180g
アーモンドパウダー	92g
皮付きヘーゼルナッツパウダー*	54g
バニラエッセンス	2〜3滴

粉糖（仕上げ用）……適量

＊市販のパウダーを使ってもよいが、皮付きのヘーゼルナッツを60℃のオーブンで14分焼き、渋皮をむき、フードプロセッサーで粗みじんにすると、より風味がよくおいしい。

下準備

前日 ※生地を仕込む
- バターは厚さ1cm弱に切り、常温に戻す。
- 薄力粉とアーモンドパウダーを合わせてザルで2度こす。

当日
- 粉糖をバットに適量ずつ入れる。

 オーブンの予熱は**170℃**

1

前日 生地を仕込む。スタンドミキサーにビーターとミキサーボウルをセットし、バターを入れ、低速で混ぜ、すぐに高速にしてなめらかなクリーム状にする。低速にして粉糖を加えて均一に混ぜ、さらにヘーゼルナッツパウダーを加えて混ぜ合わせる。バニラエッセンスも混ぜる。

2

❶のミキサーボウルをはずし、合わせた粉類を加え、コルヌでしっかり切り混ぜて粉気をなくす。ビニールの上に出して折りたたみ、それをくり返して均一な状態にする。めん棒で厚さ約1cmの長方形にのばしてビニールで包み、冷蔵庫でひと晩休ませる。

3

当日 ❷を冷蔵庫から出して1個6gの四角形に切り分ける。

4

手のひらで手早く丸め、天板に等間隔に離して並べる。

5

170℃のオーブンで14〜15分焼き、底部がうっすらきつね色になったら取り出す。

6

熱いうちに粉糖を敷いたバットに入れてまぶし、手の上で転がして余分な粉糖を落とす。お好みで再度まぶし、そのまま冷まず。

advice

生地が茶色く、焼き色が分かりにくいので、焼き上がりの見極めは、裏返して確認すると確実です。写真のようによい焼き色がついていればOKです。

浅煎りに合うお菓子

クロワッサン
CROISSANT

フランスを代表するヴィエノワズリーの1つで、バターをたっぷり折り込んだイースト生地は、焼くと幾重にも美しい層にふくらみ、サクッと歯切れよく軽やか、そして口の中でバターの風味とともにとろけていくようです。デリケートな食感やバターの甘み、発酵した香りをぜひ堪能してください。特に焼きたては格別です。クロワッサンとはフランス語で「三日月」の意味。三日月のように両端を曲げて形作るタイプもあります。オーブンから取り出すタイミングは、表面の焼き色で判断しましょう。底が少し焦げても表面をしっかりと焼きたい、少しでも焦げた感じにしたくないなど、どこまで焼き込むかはお好みで変えてください。カフェ・バッハでは、しっかりめに焼くのが好みです。

コーヒーとの相性

浅	中	中深	深
◎	△	△	△

バターの甘美な香りを存分に生かすには同じ繊細な香りと味わい、ナッツ香をもつ浅煎りのコーヒーがよく合います。クロワッサンと同調して、風味を引き立ててくれます。ただし渋みを感じるタイプは避けましょう。ちなみにコーヒーを楽しむことを主体にするなら、ぜひ苦みの強いコーヒーとどうぞ。エスプレッソのオイル感と合わせるとバターのコクが際立ち、コーヒーがまろやかでなめらかになって、味に厚みも出るでしょう。

BACH'S SELECTION
- **BEST** → 浅 ブルーマウンテンNo.1
- **BETTER** → 深 インディアを直火式のエスプレッソで
- **OTHER** → 中 パナマ・ドンパチ・ゲイシャ ナチュラル

浅煎りに合うお菓子

材料(8個分)

【小麦粉の生地】

A
- バター(低水分、食塩不使用) ……… 25g
- フランス粉 ……… 250g
- グラニュー糖 ……… 25g
- 塩 ……… 5g
- インスタントドライイースト ……… 3.6g

B
- 水 ……… 125g
- 脱脂粉乳 ……… 5g

- 全卵 ……… 13g

バター(低水分、食塩不使用、折り込み用) ……… 125g

全卵(塗り卵用) ……… 30〜35g

下準備

前日 ※小麦粉の生地を仕込む
- バターを冷蔵庫で冷やしておく。
- フランス粉を2度ふるい、グラニュー糖と塩、インスタントドライイーストを加え、混ぜ合わせる。
- 脱脂粉乳を分量の水少量で混ぜ溶かし、水に戻す。全卵をほぐして混ぜる。

当日
- 折り込み用のバターを冷蔵庫で冷やしておく。
- 塗り卵用の全卵を溶く。

🔥 オーブンの予熱は210℃

1
前日 小麦粉の生地をp.33 ❶〜❺の要領で仕込む。このとき、塩水の代わりに脱脂粉乳と全卵を溶いた水を使用する。ビニールで包み、冷蔵庫で15〜18時間、一次発酵させる。

2
当日 p.33 ❻〜p.34 ❽の要領で、冷蔵庫から出した❶と折り込み用バターで三つ折りを1回行い、ビニールに包んで冷凍庫で30分冷やす。同様に2回くり返し、3回目の最後にビニールで包んで冷蔵庫で60分休ませる。

3
❷をめん棒で45cm×17cmにのばす。ビニールをかぶせ、冷蔵庫で30分休ませる。冷蔵庫から取り出し、作業台に横長に置き、底辺が10cmの二等辺三角形になるよう、8切れに切り分ける。

> 三角形が互い違いになるように切ります。

4
❸を逆三角形に置き、底辺を手のつけ根で押さえ、頂点を手前に引っぱって4〜5cmのばす。

5
底辺を約1cm幅で手前に折り返し、指をそろえて押さえて留める。

6
折り返しに手のひらを当て、頂点をもう片方の手で引っぱりながら手前に転がす。

7
巻き終わったら、指先でつまんで留める。

8
❼をホイロ(温度28〜30℃、湿度70%)やオーブンの発酵機能で、60〜70分、仕上げの発酵をする。

> 発酵すると、ふくらんで生地の断面が丸みを帯びた状態になります。

9
表面にハケで塗り卵を塗り、210℃のオーブンで15〜18分焼く。焼き上がったら取り出してクーラーにのせて冷ます。

第**3**章

中煎りに合うお菓子

コーヒーとの相性

浅	中	中深	深
×	◎	◎	◎

ボリューム感のあるお菓子なので、コーヒーはバランスのとれたボディのあるブレンドがよいでしょう。特にお菓子の持つスパイスやナッツ、カラメル、フルーツなどの要素とバランスよくいただけるのが中煎りです。きれいな酸味がプラスされ、相乗効果でお菓子の味が持ち上がります。一方、メープルシロップやカラメル、バニラなど甘い要素を持つタイプのコーヒーや、深煎りならスパイシーで苦みやボディのありすぎないタイプは、パイを包み込んでくれます。

BACH'S SELECTION

BEST	中	マイルドブレンド
BETTER	深	エチオピア・シダモW
OTHER	中深	全般

アップルパイ
APPLE PIE

りんごが出回る時季だけの、秋から冬にかけての定番お菓子。パイ菓子らしいコクやりんごのフレッシュな旨みなどが一体化して、何とも魅力的な味わいです。特に、カフェ・バッハの作り方は、りんごを4つ割りのダイナミックな形のままたっぷりと重ねて焼き込む独特のレシピ。パイ生地のしっかりとした香ばしさ、りんご、シナモン風味のクレーム・ダマンド、ピーカンナッツなどそれぞれの味がきちんと際立った、旨みたっぷりの〝おいしいパイ〟を目指します。

材料（直径20cmのパイ皿1台分）

フイユタージュ・ラピッド

バター（低水分、食塩不使用）	200g
強力粉	125g
薄力粉	125g
冷水	125g
塩	4g
打ち粉（強力粉）	適量

クレーム・ダマンド（1台分）

バター（食塩不使用）	55g
全卵	55g
粉糖	55g
薄力粉	12g
アーモンドパウダー	55g
シナモンパウダー	6g

りんごの詰め物

りんご（あれば紅玉）	3～4個
グラニュー糖	25g
はちみつ	25g
レモンの搾り汁	13g
シナモンパウダー	適量
バニラのさや	¼本

ピーカンナッツのカラメリゼ

ピーカンナッツ	60g
グラニュー糖	15g
はちみつ	45g
水	30g

卵黄（塗り卵用）*	1個

＊卵黄を4倍量の水で溶く。

下準備

- フイユタージュ・ラピッド用のバターは約2cm角に切り、冷蔵庫で冷やす。強力粉と薄力粉を合わせて2度ふるい、冷蔵庫で冷やす。冷水に塩を溶かす。
- クレーム・ダマンド用のバターは常温に戻す。全卵を溶きほぐす。薄力粉、アーモンドパウダー、シナモンパウダーは合わせてザルで2度こす。
- パイ皿1枚にショートニング（分量外）を塗る。
- ピーカンナッツのカラメリゼを作る。鍋にグラニュー糖、はちみつ、水を入れて沸騰させ、ピーカンナッツを加えて4～5分煮る。ザルに上げ、シロップをきる。天板にオーブンシートを敷き、ピーカンナッツが重ならないように広げ、180℃のオーブンで約10分焼き、取り出して常温で冷ます。

オーブンの予熱は**190℃**

1

フイユタージュ・ラピッドをp.35の要領で作る。最後の三つ折りが終わったら、冷蔵庫で60分休ませる。

2

クレーム・ダマンドをp.39❶～❸の要領で作る。冷蔵庫で2～3時間休ませ、12mm丸口金をつけた絞り袋に詰める。

3

天板にロール紙を敷き、フラン型（直径15cm×高さ2cm）に❷を渦巻き状に絞り出し、コルヌで表面をならす。ピーカンナッツのカラメリゼを並べる。190℃のオーブンで15分焼き、クーラーにのせて冷ます。

4

作業台に打ち粉をし、❶を冷蔵庫から取り出して置く。まず、¼を切り出す。

縁と、飾りの木の葉用の生地にします。

5

❶の残り¾を6：4に切り分ける。

大きいほうはパイの上ぶた用に使います。上ぶたはカーブするぶん、底生地よりも面積を大きくします。

6

作業台に打ち粉をし、❺の上ぶた用生地は25cm×25cm×3～4mm厚さにのばす。底用生地は、20cm×20cm×3～4mm厚さにのばす。❹は25cm×12cmにのばす。それぞれビニールに包んで冷蔵庫で30分休ませる。

☞ p.60に続く

7

りんごは皮をむき縦半分に切り、ヘタなどを取る。芯抜き器を果肉と芯の境に押し入れる。いったん芯抜き器を抜き、反対側からも同様に、果肉と芯の境に押し入れ、芯を抜く。さらに半分に切り、四つ割り状にする。

> りんごの芯は扁平なので、一度に取ろうとすると取り残しが出てしまいます。

8

❼をボウルに入れ、グラニュー糖、はちみつ、レモン汁をまぶし、60分ほどおく。水分が出てきたら銅鍋に入れ、シナモンパウダー、バニラのさやを加えて火にかけ、りんごの果肉が少し透明になるまで炊く。ザルに上げ、水気をきって冷ます。

9

作業台に❻の縁と飾り用の生地を広げ、包丁で1.5cm幅のひも状を3本切り出す。残りは抜き型で木の葉形に8枚抜き、葉脈の模様の切り目を入れる。オーブンを210℃に予熱する。

10

パイ皿に❻の底用の生地をのせ、指先で押しながら、すき間のないように敷く。

11

❸を型から取り出し、❿にのせ、生地の縁にハケで水を塗る。

12

❽を、皮側を外に向けて横向きに並べ、中央も埋める。

13

残りのりんごを重ねて、ドーム状にする。

14

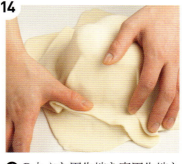

❻の上ぶた用生地を底用生地と45度ずらして、りんごにかぶせる。寄ったひだを指でのばし、指で縁を強く押さえ、上下の生地をしっかり貼りつける。

15

パイ皿の縁に沿って包丁の背を当て、余分な生地を切り落とす。

16

表面全体にハケで水を塗り、❾の木の葉形の生地を縦向きに、等間隔に貼りつける。縁に沿ってひも状の生地を貼りつける。

17

塗り卵を表面全体に塗り、包丁の切っ先で木の葉形の生地の間と下に切り込みを入れる。

この切り込みが、蒸気抜きになります。

18

210℃のオーブンで50分焼く。途中で位置をずらし、均一に焼き色をつける。焼き上がったらパイ皿から取り出し、クーラーにのせて冷ます。

アップルパイが上手に焼けたかどうかは、縁のパイ生地の状態で確認できます。写真のように生地の層がしっかりとふくらんでいればOK。生地の状態も、火の通りもよい証拠です。また上ぶたと底生地の合わせ目には塗り卵を塗らないように。生地の層がくっついて、加熱してもふくらみません。

アップルパイの上手な切り方

1

アップルパイは、形が崩れやすく、切り分けるのがとても難しいので、波刃包丁を使うのがポイント。そしてりんごの詰まっている上部は包丁を小刻みに前後に動かして縁まで切り進みます。

2

次に包丁の切っ先に親指を添え、包丁に体重をかけて真下に押し切ります。

3

刃先が底に達したら、そのまま手前にまっすぐ引き切りましょう。

タルトタタン
TARTE TATIN

コーヒーとの相性

浅	中	中深	深
×	◎	◎	×

りんごのフルーティーさ、キリッとした酸味、透明感のある味わいには、ペーパードリップで淹れたクリアなストレートコーヒーを。コーヒーにも柔らかい酸味があると、りんごの強い酸味が和らぎます。酸味とのバランスがとれる甘みのある中煎りがよいでしょう。苦みはかえってお菓子の酸味を強調します。またりんごは焼く間にしっかりカラメリゼされるのでコーヒーには不要な風味です。深煎りと合わせるなら、エスプレッソのように少量で。カフェ・オ・レなどのミルキーさは向きません。

BACH'S SELECTION
- BEST → 中 イエメン・モカ・ハラーズ
- BETTER → 中 パナマ・ドンパチ・ティピカ
- OTHER → Var. エスプレッソ

透明感を帯びるほど焼いた飴色のりんごにパリッとしたパイ生地を重ねた、堂々とした姿のお菓子。ドーム状に盛り上げたたっぷりの生のりんごを2時間以上かけて半分ほどになるまでじっくり焼き、甘みと酸味、カラメルの香ばしさ、ねっとり溶けるゼリーのようなペクチンを引き出します。そして仕上げに重ねる香ばしいパイ生地のバター風味が、とんがったりんごの味のまとめ役に。

このタルトタタンはりんごのペクチンが豊かで、冷やすとりんご同士がしっかりくっつきます。切り分けるときは、切るごとに包丁をお湯で軽く温めると、断面が美しくなります。

材料（直径18cmのマンケ型1台分）
- りんご（あれば紅玉） ……… 900g
- グラニュー糖 A ……… 70g
- グラニュー糖 B ……… 120g
- バター（食塩不使用） ……… 15g

パート・フイユテ
（作りやすい分量。直径約21cm 1枚、300gを使用）

【小麦粉の生地】
- バター（低水分、食塩不使用） ……… 50g
- 強力粉 ……… 250g
- 薄力粉 ……… 250g
- 冷水 ……… 250g
- 塩 ……… 10g

- バター（低水分、食塩不使用、折り込み用） ……… 400g
- 打ち粉（強力粉） ……… 適量

下準備

前日 ※パート・フイユテを仕込む
- バターをいずれも冷蔵庫で冷やす。
- 粉類（薄力粉と強力粉）を合わせて2度ふるい、冷蔵庫で冷やす。
- 冷水に塩を溶かす。

 オーブンの予熱は190℃

中煎りに合うお菓子

1

[前日] パート・フイユテを作る。p.33〜34の要領で仕込み、冷蔵庫でひと晩休ませる。

> 当日仕込むなら、最後の折り込みが終わったら、冷蔵庫で60分休ませましょう。

2

[当日] 作業台に打ち粉をし、❶を冷蔵庫から取り出し、300gを切り出す。めん棒で3mm厚さにのばす。ピケローラーで全体に穴をあける。皿などを当て、包丁の切っ先で直径21cmの円形に切り取る。天板にのせ、190℃のオーブンで25〜30分焼き、冷ます。

3

りんごの皮をむいて縦半分に切り、芯抜き器で芯をくりぬく。まな板の上に、りんごの皮側を上、尻を手前にして置き、右から1/4のところで切り分け、大きいりんごと小さいりんごを作る。

> p.60 ❼を参照して芯を残らずくりぬいてください。

4

マンケ型を中火にかけ、グラニュー糖Aを3〜4回に分けて入れ、木べらで混ぜながら加熱してカラメルにする。混ぜたときに底が見えるようになったら火からおろし、ぬれぶきんにのせて冷ます。

5

❹の上に、バターを手でちぎって散らす。

> グラニュー糖は最初は少量。香りが強くなり、こげ茶色になって煙が立ち始めたら次を加え、徐々に量を増やします。

6

❸の大きいほうのりんごを放射状に、きれいに並べる。中央とすき間に、小さいほうのりんごを適宜切って、すき間なく詰める。グラニュー糖Bの半量をかける。残りのりんごを二段に重ね、残りのグラニュー糖をかける。

7

クッキングシートをマンケ型より一回り大きく切り、クシャクシャにしてドーム状に整えてかぶせる。190〜220℃のオーブンで150分焼く。

8

取り出してかぶせたクッキングシートをはずし、クーラーにのせて粗熱をとる。オーブンの温度を180℃に下げる。

9

❷のおもて面を下にして❽にのせ、強く押しつける。180℃のオーブンで約5分加熱して密着させ、取り出して粗熱をとり、冷蔵庫で冷やす。型の底をバーナーで熱してペクチンを溶かし、作業板をかぶせ、ひっくり返して型からはずす。冷蔵庫で冷やし固める。

コーヒーとの相性

浅	中	中深	深
△	◎	△	×

パッションフルーツの持つ爽やかできれいな酸味が、このお菓子の一番のポイント。一般に強い酸味はコーヒーと合いづらいものですが、ココナッツのブランマンジェの甘い香りやオイルのおかげですんなり受け止めてくれます。とはいえ強い苦みや酸味、重い味のコーヒーはお菓子が生きません。おだやかでバランスよく、甘くナッツの香りを持つタイプの中煎りがよいでしょう。また柔らかな酸味とほんの少し苦みを持つバランスのよい中深煎りもおすすめ。

BACH'S SELECTION
- **BEST** → 中 パナマ・ドンパチ・ティピカ
- **BETTER** → 中深 パプアニューギニア

ココパッション
COCO-PASSION

南国らしい食材を使ったこのお菓子は、口に入れると酸っぱいパッションフルーツと華やかなココナッツの香りがいっぱいに広がったあと、アーモンドの香るビスキュイ・ジョコンドが全体をまとめてくれます。清涼感にあふれる味わいは、初夏から盛夏にかけてぴったり。見た目のポイントとなる透明感のある鮮やかな黄色が、トロピカルな雰囲気を醸します。辻静雄さんが生前好み、カフェ・バッハがコーヒーを担当した2000年の沖縄サミットで各国首脳にふるまわれたお菓子でもあります。

材料（直径6.5cm×高さ4cmのセルクル型12個分）

ビスキュイ・ジョコンド
（37cm×52cmの天板1枚分）

全卵	170g
【タンプータン】	
粉糖	125g
アーモンドパウダー	125g
薄力粉	30g
【メレンゲ】	
卵白	120g
グラニュー糖	50g
バター（食塩不使用）	13g

中煎りに合うお菓子

ココナッツのブランマンジェ

牛乳	200g
グラニュー糖	70g
ココナッツファイン	50g
板ゼラチン	6g
キルシュワッサー酒	3g
生クリーム（乳脂肪分47%）	100g

パッションフルーツのムース

パッションフルーツのピュレA（無糖）	100g
卵黄	40g
グラニュー糖	20g
脱脂粉乳	10g
板ゼラチン	3g

【イタリアンメレンゲ】
(作りやすい分量。60gを使用)

卵白	90g
グラニュー糖	160g
水	50g
生クリーム（乳脂肪分40%）	200g

ナパージュ*	100g
水	30g
パッションフルーツのピュレB（無糖）	大さじ1

＊フルーツのツヤ出しなどの上がけに使う。製菓材料店で手に入る。

下準備

- 天板にロール紙で型紙を敷く。
- ビスキュイ・ジョコンドの全卵を溶きほぐす。アーモンドパウダーと粉糖を合わせてザルで2度こす。薄力粉を2度ふるう。バターを1cm角に切り、湯せん(60℃)で溶かす。

オーブンの予熱は200℃

作り方

1. ビスキュイ・ジョコンドをp.25の要領で作る。37cm×52cmの天板に生地を流し、200℃のオーブンで12分焼き、冷ます。

2. 直径5cmの抜き型で12枚抜き、残りの生地を幅2.5cm×長さ18.5cmの帯状に12本切る。セルクル型の底に円形生地を焼き目を上にして入れ、側面に帯状の生地を焼き目を内側にしてすき間ができないようにきっちり貼りつけ、バットに並べる。

3. ココナッツのブランマンジェを作る。板ゼラチンを氷水で戻す。鍋に牛乳を入れて加熱し、沸騰直前にココナッツファインを入れてゴムべらで混ぜる。沸騰したら火を止め、フタをして10分蒸らす。こし器にさらしを敷き、ココナッツ液をボウルにこし取り、押してよく絞り出す。グラニュー糖を加え、板ゼラチンの水気を絞って加えて、ゴムべらでゆっくりと混ぜ溶かす。ボウルに氷水を当てて混ぜながら冷やし、キルシュワッサー酒を加える。

4. 別のボウルで氷水に当てながら生クリームを泡立て、5分立てにする。❸が固まり始めたら、生クリームを2回に分けて加え、ゆっくりと混ぜ合わせる。レードルで❷の生地の高さまで流し入れ、冷蔵庫で20分冷やし固める。

5. パッションフルーツのムースを作る。板ゼラチンを氷水で戻す。ボウルに卵黄を入れて溶きほぐし、グラニュー糖と脱脂粉乳を加えて泡立て器で白っぽくなるまで混ぜ合わせ、パッションフルーツのピュレAを混ぜる。銅鍋に移し、ゴムべらでかき混ぜながら中火でもったりするまで炊く。再度ボウルに戻し、板ゼラチンの水気を絞って混ぜ溶かし、氷水に当てて混ぜながら冷やす。

6. イタリアンメレンゲをp.40の要領で作る。60g使う。氷水に当てながら生クリームを泡立て、9分立てにする。イタリアンメレンゲを❺に2回に分けて加え、泡立て器で混ぜる。さらに9分立ての生クリームを2回に分けて混ぜ、20mm丸口金をつけた絞り袋に詰める。

7. ❻を❹に絞り出し、表面をパレットナイフでならす。冷蔵庫で60分冷やし固める。

8. 小鍋にナパージュと水を入れ、混ぜながら弱火で溶かし、パッションフルーツのピュレBを加え混ぜて濃度を調節する。❼の表面にスプーンで流し、パレットナイフで縁をすり切る。冷蔵庫で約10分冷やす。バーナーでセルクル型の外側を温めて型をはずし、裏返したバットにのせて冷蔵庫で冷やす。

しっかり冷やしたほうがおいしく味わえます。適温は2〜5℃ですので、冷凍庫で凍らせない程度に冷やしてもよいでしょう。ただし、忘れて凍らせないように。

パルミエ
PALMIER

ハートのような形がかわいい、シンプルなパイ菓子。折り込みパイの生地の層を輪切りにすることで生まれるカリッ、サクッとした心地よい歯ざわり、そしてしっかりと焼いた香ばしさは、コーヒーがほしくなるお菓子の典型です。たっぷりまぶしたグラニュー糖のツブツブ感とバターの豊かな風味も口いっぱいに広がります。

　湿気を帯びやすく、湿気るとカリッとした特徴がなくなります。焼いたあと、冷めたらすぐに、密閉できるキャニスターに入れたり、食品用の乾燥材と一緒に袋詰めしたりするのが鉄則です。

コーヒーとの相性

浅	中	中深	深
△	◎	◎	△

バターと砂糖のシンプルなパイは、コーヒーとのマッチングでマイナス要素のないお菓子。すべての焙煎度のコーヒーに合い、特徴もよく引き立つので、幅広い楽しみ方ができます。また浅煎りや中煎りではコーヒーよりお菓子が引き立ち、中深煎りではお菓子とコーヒーが同等、深煎りではお菓子よりコーヒーが引き立つというように、焙煎による味のグラデーションも楽しんでみてください。あえていうなら、お菓子の豊かな風味と、味の一番豊かな要素が残った深めの中煎りがベストマッチでしょう。

BACH'S SELECTION
- BEST ▶ 中 コスタリカPN
- BETTER ▶ 中深 パプアニューギニア

材料 (32枚分)

パート・フイユテ

【小麦粉の生地】
- バター（低水分、食塩不使用） 25g
- 強力粉 125g
- 薄力粉 125g
- 冷水 125g
- 塩 5g

バター（低水分、食塩不使用、折り込み用） 200g
打ち粉（強力粉） 適量

グラニュー糖 A 100g
グラニュー糖 B 100g

下準備

- バターはどちらも冷蔵庫で冷やす。
- 強力粉と薄力粉を合わせて2度ふるい、冷蔵庫で冷やす。
- 冷水に塩を溶かす。

 オーブンの予熱は190℃

中煎りに合うお菓子

1

パート・フイユテを作る。p.33～34の要領で、三つ折りを2セット行う。冷蔵庫で60分冷やす。

> パート・フイユテは焼く前日に仕込むことが多いのですが、パルミエは例外で、層がふくらみやすいよう、当日に作ります。

2

作業台にロール紙を敷き、グラニュー糖Aの半量を広げて❶をのせ、残りのグラニュー糖Aをふる。生地にめん棒を押しつけ、グラニュー糖を埋め込む。

> グラニュー糖は残っても構いません。

3

p.34⓬～⓰の要領で三つ折りを1セット行い、バットにのせてビニールをかぶせ、冷蔵庫で30分休ませる。

4

ロール紙の上にグラニュー糖Bの半量を広げる。❸を折り目を横に向けて置き、残りのグラニュー糖Bをふる。めん棒を押しつけ、グラニュー糖を埋め、縦30cm×横40cmの均一な厚さにのばし、冷凍庫で5分休ませる。

5

❹を冷凍庫から取り出して横長に置き、中心線に向かって、手前側を半分に折る(写真上)。奥の生地も中心線に向かって半分に折る(同下)。

6

中心線で折って重ねる。めん棒で押さえてくっつけ、冷凍庫で10分休ませる。

> 生地と生地はしっかり密着させましょう。密着していないと、焼き上がりにすき間ができてしまいます。

7

包丁で小口から1.25cm幅に切り分ける(32等分)。

8

天板に、❼の断面を上にして並べる。このとき、列の間隔をあけ、折り目の向きを列ごとに逆にする。

> 生地は左右にふくらんでハート形になるので、間隔をあけておかないと、くっつくことがあります。

9

❽をダンパーを開けた190℃のオーブンで12分焼く。焼き加減を見てひっくり返す。さらに12～18分焼き、焼き色を均一にする。クーラーにのせて冷ます。

> 必ず軍手をします。家庭用オーブンの場合は普通に焼きます。

ブリオッシュ
BRIOCHE

コーヒーとの相性

浅	中	中深	深
×	◎	◎	△

パンのように乾いたテイストには、一度に口に含むコーヒーの量が多めにほしくなります。ブリオッシュは発酵らしい香りやバター、卵黄のコクがふくよかなので、味のある中煎りでないと物足りません。個性の強いタイプと合わせるとメリハリが出て、また違う甘い味が広がるよう。きれいな発酵の香りを持つコーヒーなら、パンのコクを強調してくれます。主食として食べるならバランスが抜群によい中深煎りのブレンドを。コクや焼けたカラメル香が、甘みがきちんとあるパンにぴったりです。

BACH'S SELECTION
- BEST → 中 パナマ・ドンパチ・ゲイシャW
- BETTER → 中深 バッハブレンド
- OTHER → 中 イエメン・モカ・ハラーズ

バターと卵黄をたっぷり使ったリッチなパンは、しっかり焼けた皮がほろ苦くて香ばしく、手で割るとまるで糸を引くように生地がのびて、バターの風味や発酵した香りがふわっと広がります。口当たりがとても軽く、やさしい味わいは、主食にもコーヒータイムのお供にも。頭がちょこんとのったようなブリオッシュ独特の形は「テート」と呼ばれ、教会の修道士が座っている姿を表しているといわれます。

材料（ブリオッシュ型13個分）

生地

バター（食塩不使用）……… 125g

A
- フランス粉 ……… 250g
- グラニュー糖 ……… 25g
- 塩 ……… 5g
- インスタントドライイースト ……… 4g

B
- 水 ……… 138g
- 脱脂粉乳 ……… 10g

卵黄 ……… 50g
打ち粉（強力粉）……… 適量

卵黄（塗り卵用）……… 適量

下準備

前日 ※生地を仕込む
- バターは冷蔵庫で冷やす。使う直前にめん棒でたたいてのす。
- フランス粉を2度ふるう。
- 脱脂粉乳を分量の水少量で混ぜ溶かし、水に戻す。卵黄を混ぜ合わせる。

当日
- ブリオッシュ型に薄くバター（分量外）を塗って冷蔵庫に入れる。

 オーブンの予熱は210℃

中煎りに合うお菓子

1
前日 ミキサーボウルに A を入れ、混ぜ合わせる。卵黄を混ぜた B を加え、コルヌでなじませる。スタンドミキサーにドゥーフックとミキサーボウルをセットし、低速で8分、バターをちぎって加えながら低速2分、中速6分、高速2分、中速2分を目安に混ぜる。

2
しっかりとミキシングし、弾力とツヤのある状態にする。

> 上手にミキシングできるとグルテンが形成され、弾力が出て、切れることなく向こう側がうっすら透けて見えるぐらい薄くのばすことができます。

3
❷をボウルにあけ、ビニールをかぶせて常温で60分、一次発酵させる。一次発酵を終えると、ふっくらとふくらむ。

4
作業台に打ち粉をして❸をのせ、めん棒を軽く転がしてガス抜きをする。大まかに平らな形にしてバットにのせ、ビニールをかぶせて冷蔵庫で15〜18時間二次発酵させる（写真は二次発酵後の状態）。

5
当日 ❹を冷蔵庫から取り出し、折りたたんで生地の状態を均一にする。コルヌで13等分する（1個約45g）。バットに間隔をあけて並べ、常温に20分おく。

6
手に打ち粉をし、❺を両手のひらで転がし、丸める。生地の合わせ目を指でつまんで閉じ、作業台に打ち粉をして横に倒して置く。手のひらに打ち粉をし、閉じ目の反対側1/3のところに手のひらを立てて当て、前後に転がし、ひょうたん形にする。

7
ブリオッシュ型を冷蔵庫から出し、❻の頭をつまんでぶら下げ、閉じ目を下にして型に詰める。

8
そのまま頭を真ん中に埋め込む。指先を頭の脇に押し込んで形を整える。天板に等間隔に離して並べ、ホイロ（温度30℃、湿度70％）またはオーブンの発酵機能で50〜60分、最終発酵させる。

9
型いっぱいにふくらんだら、ハケで塗り卵を塗る。210℃のオーブンで20分焼き、型からはずして、クーラーにのせて冷ます。

69

クグロフ
KOUGLOF

コーヒーとの相性

浅	中	中深	深
×	◎	◎	△

イーストの発酵生地に卵黄、バター、洋酒を合わせた旨みも風味も豊かなお菓子。パンのような少し乾いた食感はコーヒーの量も多めにほしいので、中煎りから中深煎りがよいでしょう。特に中煎りはオレンジ香やフルーツ香を持つので、具のオレンジピールやレーズン、レモンの皮やオレンジ風味のグランマルニエ酒とよく合います。ただし、味のしっかりしたパワーのあるタイプを。中深煎りならお菓子の風味と同じ、少しオレンジの雰囲気のあるものを。

BACH'S SELECTION
- BEST → 中 パナマ・ドンパチ・ゲイシャW
- BETTER → 中深 タンザニア
- OTHER → 中深 コロンビア、スマトラ・マンデリン

甘くてイーストの香り豊かな生地に、ドライフルーツがたっぷり。パンのようにも思えますが、卵黄がたっぷり入ったリッチな趣のドイツ菓子です。レモンの皮やグランマルニエ酒で全体につけたオレンジ風味が、味に厚みを持たせています。その名の通り、クグロフ型を使って焼くのが基本。斜めに入ったうねがデザイン性だけでなく、中心と外の火の通りを一緒にしてくれる実用性も兼ねています。乾いたふきんをかぶせて冷ますことで、乾燥を防ぐことができます。

材料（直径15cmのクグロフ型2台分）

バター（食塩不使用）……90g

A
- 強力粉……250g
- グラニュー糖……60g
- 塩……5g
- インスタントドライイースト……4g
- レモンの皮*……1/2個分

B
- 卵黄……60g
- 牛乳……125g

サルタナレーズン……125g
オレンジピール（刻んだ市販品）……15g
グランマルニエ酒……10g
アーモンド……26粒
打ち粉（強力粉）……適量

＊レモンを粗塩でこすり洗いし、表皮をすりおろしたもの。

下準備

- クグロフ型2台にバター（分量外）を少し厚めに塗り、それぞれアーモンドを底の溝に1粒ずつ並べ、冷蔵庫で冷やす。
- バターは冷蔵庫で冷やしておく。
- 牛乳を常温（20℃）に戻し、卵黄を混ぜ合わせる。
- サルタナレーズンとオレンジピールを合わせ、グランマルニエ酒をまぶす。
- 強力粉を2度ふるう。
- 生地をあけるボウルにショートニング（分量外）を塗る。

 オーブンの予熱は190℃

中煎りに合うお菓子

1　ミキサーボウルに材料 A を入れ、ドゥーフックを持って混ぜ合わせる。さらに B を加え混ぜる。ミキサーボウルとドゥーフックをスタンドミキサーにセットし、低速2分、高速2分、中速3分、高速2分の順に混ぜる。

2　❶の途中で、バターを冷蔵庫から取り出し、めん棒でたたいてのす。

3　❶の生地がまとまったら❷のバターを手でちぎって少量ずつ加え、低速、高速で混ぜる。3～4回くり返し、すべて加えたら高速で1分、中速で3分混ぜる。ドライフルーツを一度に加える。

4　低速で1分混ぜる。

> 低速で、短時間で混ぜます。均一に混ざればよく、練り込む必要はありません。

5　作業台に打ち粉をし、❹を取り出して大まかに丸め、ショートニングを塗ったボウルに入れ、ラップをかぶせる。少し温かい室内で80～90分発酵させる（写真は発酵後の状態）。

6　作業台に打ち粉をし、❺を取り出し、めん棒で軽く押さえてガス抜きをする。2等分して、丸め、それぞれボウルに入れ、ビニールをかぶせて常温で15分休ませる。

> 1個365gになります。

7　作業台に打ち粉をして❻を置き、めん棒で軽くのし、円形にする。めん棒に打ち粉をまぶして真ん中に突き立てて穴をあける。指で穴を広げる。

8　冷蔵庫から取り出したクグロフ型に生地の底を上に向けて詰め、指で強く押し込む。ビニールをかぶせ、やや温かい室内（30℃）で60～70分仕上げ発酵させる。

> 生地のとじ目が表面に出るときれいな姿にならないので、押し込みます。

9　発酵後は型いっぱいにふくらむ。生地の表面に霧吹きをし、190℃のオーブンで35～40分焼く。焼き上がったら型から取り出し、クーラーにのせて乾いたふきんをかぶせ、粗熱をとる。

> 焼くときに生地の表面が乾くとよくふくらまないので、霧を吹いて湿気を与えておきます。

ビスキュイ・ド・サヴォワ
BISCUIT DE SAVOIE

ごつごつとした形に粉糖をかぶった姿は、フランスとスイスの国境にある山岳地方・サヴォワに初雪が降った山々をイメージさせます。生地はバターを使わず、卵、砂糖、小麦粉、コーンスターチで作るので食感がサクッ、シコッとして実に軽やか。淡い焼き色のイメージ通り、やさしい味わいです。切り分けて盛り付けるときに、フランボワーズのピュレを添えて全体を引き締めるとまた違った味が楽しめます。お好みのジャムを添えて、おやつにも。

コーヒーとの相性	食感も味わいもとてもデリケートなので、そのおいしさの輪郭をはっきりさせてくれるコーヒーがよいでしょう。きれいな酸味と強すぎない苦みがあって香りも豊かな、いろんな味の要素を持つ中煎りがベストマッチです。また口の中で生地にデコレーションするように、チョコレートや生クリーム、コーヒーの融合したバリエーションコーヒー、ホット・モカ・ジャバもどうぞ。いずれにしても、味のはっきりしないコーヒー、苦みや酸味が強すぎるコーヒーは向きません。
 **BACH'S SELECTION** BEST → 中 パナマ・ドンパチ・ティピカ BETTER Var. ホット・モカ・ジャバ	

中煎りに合うお菓子

材料（直径18.5cmのサヴォワ型1台分）

卵黄	80g
グラニュー糖	65g
薄力粉	50g
コーンスターチ	50g
【メレンゲ】	
卵白	120g
グラニュー糖	20g
塩	1g
粉糖（仕上げ用）	適量

下準備
- 型に澄ましバター（分量外）を塗り、冷蔵庫で冷やす。使う直前に出し、強力粉（分量外）をまぶす。
- 薄力粉とコーンスターチを合わせて2度ふるう。

 オーブンの予熱は **160℃**

 advice

このお菓子の生地はとてもシンプルですが、同時にとてもデリケートです。作り始めたら立ち止まれない、そんな気持ちで作りましょう。段取りよく進めることが、上手に作れる秘訣です。

1

スタンドミキサーにワイヤーホイップをセットし、ミキサーボウルに卵黄とグラニュー糖を入れ、低速、中速、高速と速度を上げて白っぽくふんわりとするまで混ぜる。

2

p.40の要領で、キメの細かいしっかりしたメレンゲを作る。このとき、塩は卵白に混ぜる。

3

ミキサーボウルをはずして作業台に置き、❷の1/3量を❶に加え、ゴムべらで混ぜ合わせる。

4

粉類を加えて切り混ぜ、粉気のないなめらかな状態にする。

5

残りの❷を加え、泡をつぶさないようにていねいに混ぜ合わせる。

6

型に生地を流し入れる。作業台から型ごと10cmほど浮かして落とし、生地の気泡を整える。160℃のオーブンで50～60分焼く。粗熱がとれたら型からはずし、クーラーにのせて冷ます。粉糖を茶こしで表面にふる。

ヘーゼルナッツサブレ
HAZELNUT SABLÉ

材料がバター、砂糖、卵、粉、そしてヘーゼルナッツというシンプルなこのサブレは、焼きすぎないことが何より大切。ほんのり縁が色づくぐらいのやさしい焼き色に抑えることで、ほろほろと崩れるようなソフトな舌ざわりになります。バターの甘い香りに、かむことで強く立ち上るヘーゼルナッツのナッティーな香りが加わって、子どもから大人まで広く好まれる味わいです。

コーヒーとの相性	
浅 中 中深 深 × ◎ △ ×	このお菓子はやさしくシンプルな味わいながら、ヘーゼルナッツやバターのオイル感やなめらかさを持つので、マッチングするコーヒーにもなめらかなのど越しや油分が大切。極端な酸味は合いませんが、おおむね中煎り全般と合わせやすいでしょう。お菓子とコーヒーがバランスよくなじみます。また少し苦みが強くなる中深煎りと合わせると、コーヒーの味わいが深まります。特にナッツのフレーバーを持つものなら好相性。牛乳のクリーミーなコクともよく合うので、カフェ・オ・レともどうぞ。
BACH'S SELECTION BEST ▶ 中 ニカラグア BETTER ▶ 中深 グアテマラ OTHER ▶ Var. カフェ・オ・レ	

材料（3cm×4cm角約40枚分）

生地

バター（食塩不使用）	175g
粉糖	88g
塩	ひとつまみ
全卵	25g
薄力粉	125g
フランス粉	125g
皮付きヘーゼルナッツ*	45g

＊160℃に予熱したオーブンで14分焼いて渋皮をむき、粗みじん切りにしたもの。

下準備

前日 ※生地を仕込む

- バターを厚さ1cm弱に切り、常温に戻す。
- 粉類（薄力粉、フランス粉）は合わせて2度ふるう。
- 全卵を溶きほぐす。

 オーブンの予熱は**180℃**

advice

この生地は冷凍保存がきくので、多めに仕込んで、使うぶんだけ切り分けて焼くとよいでしょう。強い焼き色をつけずに焼き上げますが、サブレ生地は砂糖が多いので色づきやすく、またバターも多いので火加減が弱いと生地が溶けて形が崩れます。オーブンにはそれぞれ多少のクセがあるので、色づきが早い場合は設定温度を少し下げ、遅い場合は温度を少し上げるなど、小まめにチェックを。

中煎りに合うお菓子

1

前日 生地を仕込む。スタンドミキサーにビーターとミキサーボウルをセットし、バター、粉糖、塩を入れ、低速、中速、高速の順に混ぜ、なめらかで均一な状態にする。全卵を加えてざっと混ぜ合わせる。

2

ミキサーボウルをはずし、ヘーゼルナッツを加えて木べらでさっくりと混ぜる。

3

粉類を加えて全体を底から大きく混ぜる。

4

作業板にロール紙を敷き、角セルクル型（7cm×12.5cm×高さ5cm目安）を置き、❸を手で敷きつめる。型のままビニールをかぶせ、冷蔵庫でひと晩休ませる。

5

当日 ❹を冷蔵庫から出して角セルクル型をはずし、縦2等分にして3.5cm幅の棒状2本に切り分ける。生地を横にし、小口から5mm厚さに切り分ける。

6

天板に等間隔に離して並べ、180℃のオーブンで12〜13分焼く。クーラーにのせて冷ます。

ヴァニレキプフェアルン
VANILLEKIPFERLN

口に入れた途端にほろほろと崩れていく〝もろさ〟こそが、このお菓子の醍醐味。あまり焼き色をつけず、バニラの香りやバターの風味、アーモンドのコクをシンプルに生かしたやさしくてスイートな味が、口いっぱいに広がります。しっかり甘くて小ぶりサイズ、さらに「バニラの三日月」というドイツ語の意味の通り、形がかわいく焼き色も淡くてやさしいので、コーヒーカップに添えて、角砂糖のように見立てて提供してもよいでしょう。

コーヒーとの相性	あまり焼き込まず淡い色にとどめるお菓子らしく、味わいもマイルド。もろい食感が口に広がるので、コーヒーの味が濃すぎると負けてしまいます。お菓子もコーヒーもバランスよく味わうには、しっかりした酸味とコクの出てくる中煎りがよいでしょう。特に完熟フルーツの甘酸っぱさを思わせるタイプがベストマッチです。一般に、酸味の強いコーヒーに少し砂糖を加えるとすんなり飲みやすく変化するのと同様に、このお菓子を砂糖代わりにどうぞ。バニラの豊かな風味があるので、スパイシーな風味の浅煎りもよいでしょう。
浅 △　中 ◎　中深 △　深 ×　**BACH'S SELECTION**　BEST ▶ 中 イエメン・モカ・ハラーズ　BETTER ▶ 中深 バッハブレンド　OTHER ▶ 浅 ベトナム・アラビカ	

材料（約32個分）

パート・ブリゼ

グラニュー糖	40g
薄力粉	125g
アーモンドパウダー	65g
塩	ひとつまみ
バニラのさや	½本
バター（食塩不使用）	110g
卵黄	20g
バニラシュガー*	適量

＊バニラシュガーは、バニラのさや½本を縦に裂いて種をこそぎ取り、グラニュー糖500gと混ぜたもの。余ったら、フルーツケーキ（☞p.90）などのグラニュー糖として使うとよい。

下準備

前日 ※パート・ブリゼを仕込む

- バニラのさやは縦に裂き、種をこそぎ取り、グラニュー糖、薄力粉、アーモンドパウダー、塩を合わせ、ザルで2度こし、冷蔵庫で冷やす。
- バターを1cm角に切り、冷蔵庫でよく冷やす。
- 卵黄を溶きほぐす。

オーブンの予熱は180℃

小さいクッキーなので、焼きすぎないように注意しましょう。ほんのり焼き色がつくぐらいが焼き上がりの目安です。

1

前日 パート・ブリゼをp.29の要領で仕込む。ビニールに包み、約1cm厚さにのばして冷蔵庫でひと晩休ませる。

2

当日 ❶を冷蔵庫から作業台に出し、1個10gずつに切り分ける。

3

手で転がして長さ10cmの棒状にする。

4

やさしく折り曲げて三日月形（馬蹄形）にする。天板に等間隔に間をあけて並べる。

5

180℃のオーブンで14分焼く。

6

バニラシュガーをバットに敷き、❺が焼き上がったら並べる。バニラシュガーでおおう。

マーブル チョコレートケーキ
MARBLE CHOCOLATE CAKE

パウンド型で焼くおなじみのお菓子。カフェ・バッハではパータ・ケイク生地にアーモンドパウダーを混ぜ、味わいはよりリッチに、食感はもろくとても軽やかに仕上げています。マーブル模様にすることで、姿の美しさだけでなく2つの味が味わえる楽しみもあり、シンプルながらとてもおいしいお菓子です。日持ちするように思われますが、アーモンドやチョコレートの風味や油脂は劣化しやすいのでできるだけ早く食べきりましょう。クグロフ型で焼いてもかまいません。よりコクが深い印象になります。

コーヒーとの相性

浅	中	中深	深
×	◎	△	×

このお菓子は、口に入れるともろく崩れて、コーヒーとすぐになじみます。その一緒になったおいしさを味わえるよう、コーヒーは爽やかな酸味や甘み、オイル感がある中煎りを。お菓子の風味に厚みが出ます。チョコレートの風味がスパイス香やオイル感とよく合うので、少し個性的な中深煎りも合うでしょう。酸味があってボディの弱い浅煎り、ボディの出すぎる深煎りはいずれもアンマッチ。

BACH'S SELECTION
- BEST → 中　パナマ・ドンパチ・ゲイシャW
- BETTER → 中深　スマトラ・マンデリン

材料（18cm×8cm×高さ6.5cmのパウンド型2台分）

パータ・ケイク

バター（食塩不使用）	200g
グラニュー糖	160g
全卵	150g
薄力粉	120g
コーンスターチ	40g
ベーキングパウダー	小さじ1
アーモンドパウダー	60g
ブランデー（V.S.O）	30g
ビターチョコレート*	30g

＊ヴァローナ社のエクストラビター61%を使用。

下準備

- パウンド型にロール紙の型紙を敷く。
- バターを厚さ1cm弱に切り、常温に戻す。
- 薄力粉、コーンスターチ、ベーキングパウダー、アーモンドパウダーは合わせてザルで2度こす。
- ビターチョコレートを粗く刻み、ボウルに入れ、湯せん（60℃）で溶かす。

 オーブンの予熱は180℃

作り方

1. パータ・ケイクを、p.21の要領で作る。仕上げにブランデーを加え混ぜる。

2. ❶の1/3量を別のボウルに取り分け、溶かしたビターチョコレートを混ぜる。残り2/3の生地はボウルの周りに広げてくぼみをつけ、そこにチョコレート生地を入れて周りの生地をかぶせ、木べらで大きく2〜3回混ぜる。コルヌで大きくすくい、パウンド型2台に入れる。作業台から型ごと10cmほど浮かして落とし、生地の気泡を整える。

3. 180℃のオーブンで45分焼く。20分たったら取り出し、上面に包丁で縦に5mm深さの切り目を入れる。オーブンに戻して焼く。型からはずし、クーラーにのせて冷ます。

第4章

中深煎りに合うお菓子

いちごのショートケーキ
GÂTEAUX AUX FRAISES

しっとりとキメ細かなスポンジ生地、ふわっと溶ける軽いホイップクリーム、旬のいちごの組み合わせは、日本人にとって永遠の定番です。口いっぱいに広がるいちごのデリケートな香りと甘酸っぱさを生かすため余分な素材は使わず、生地はきちんと甘くするのがバッハ流。卵の味もしっかりした少し懐かしいテイストだからこそ、コーヒーと一緒にいただくとよく調和します。いちごがおいしい12月から5月頃までの季節のケーキです。

コーヒーとの相性

浅	中	中深	深
×	△	◎	×

デリケートなこのケーキには、ほどよい苦み、酸味、コクがあってバランスのとれたコーヒーを。酸味が強いといちごの酸味とバッティングし、苦みが強いとコーヒーが前面に出てしまいます。また強いコクやスパイス香、多くの要素が混ざったふくよかさは邪魔になります。かといって繊細なコーヒーではケーキの輪郭がはっきりしないので、ベストマッチは中深煎りのブレンド。ボディが弱く柔らかい苦みや酸味を持つタイプの中深煎りもよいでしょう。いずれのコーヒーもケーキと水分をつなぐオイリーさもあって、ほどよくまとまります。

BACH'S SELECTION
BEST ▶ 中深 バッハブレンド　　BETTER ▶ 中深 パプアニューギニア

中深煎りに合うお菓子

材料（直径15cmのジェノワーズ型1台分）

パータ・ジェノワーズ
- 全卵 ………… 124g
- グラニュー糖 ………… 80g
- 薄力粉 ………… 72g
- バター（食塩不使用）………… 14g
- 牛乳 ………… 14g
- バニラのさや ………… 1/5本

クレーム・シャンティー
- 生クリーム（乳脂肪分40%） ………… 350g
- 粉糖 ………… 32g

- シロップ* ………… 40g
- いちご ………… 13粒

*グラニュー糖と水を1:1の割合で合わせて煮溶かしたもの。

下準備
- ジェノワーズ型にロール紙で型紙を敷く。
- 薄力粉を2度ふるう。
- ボウルにバター、牛乳を入れる。バニラのさやを縦に裂き、種をこそげ取って加え、湯せんで温める。バニラのさやは使うときに取り除く。
- いちごはヘタを切り落とし、7粒を縦半分に切る。

 オーブンの予熱は180℃

1

パータ・ジェノワーズをp.23の要領で作る。ジェノワーズ型に流し、作業台から型ごと10cmほど浮かして落とし、生地の気泡を整える。

> 生地はボウルの中央部分が一番安定しています。ボウルを傾け、まずこの中央部分を型に流し、次に残りの生地をコルヌでかき集め、初めに流した生地の上に重ね、仕上げにコルヌで軽くならしましょう。

2

180℃のオーブンで23分焼く。焼き上がったら型から抜き、クーラーにのせる。完全に冷めたら、ロール紙をはがす。

> 焼き上がりは見て判断します。生地が縮んで、型と生地の間にすき間ができ、型紙にきれいな縮みじわが寄ったら、きちんと火が通った証拠です。

advice

パータ・ジェノワーズが焼き上がって、型をはずしたとき、底紙にシミがついていることがあります。これはバターの混ぜ残しによるものです。生地を底からしっかりと混ぜるようにしましょう。

3
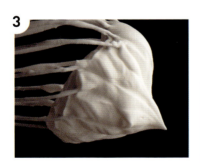
クレーム・シャンティーをp.36の要領で作る。ボウルに生クリームを入れ、氷水に当てながら、泡立てる。とろみがついてきたら粉糖を加え、7〜8分立てにする。

4

さらにボウルの手前半分のみ泡立てて、9分立てにする。

> 生地にはさむときは、さっと塗り広げるだけなので、最初からベストな口溶けの9分立てにします。1つのボウルの中で、泡立ち加減を変えるとよいでしょう。

5

❷の天地を波刃包丁でそれぞれ5mmほど切り落とす。真ん中で2枚に切り分け、約2cm厚さの生地を2枚作る。作業台に回転台を置き、生地1枚をのせ、ハケでシロップを半量塗る。

> 切り落とした生地は、細かくして、ケーキクラムとしてほかのお菓子に利用するとよいでしょう。

中深煎りに合うお菓子

6

❹の9分立てのクレーム・シャンティーをのせ、上面に薄く、均一に塗る。中央に半割りのいちごを、ヘタ側を外側に向けて放射状に並べる。周りにも同様に並べる。その上に9分立てのクレーム・シャンティーをすくって中央にのせる。

7

パレットナイフで、いちごの上部がほんの少し見えるくらいに平らに塗る。

8

もう1枚の生地を、天地を逆にして重ねる。上面にハケでシロップを塗る。

> 逆さまにして重ねることで、側面がまっすぐ、美しい仕上がりになります。

9

7～8分立てのクレーム・シャンティーを、ケーキ全体に薄く下塗りする。

10

7～8分立てのクレーム・シャンティーを多めにすくって上面にのせ、パレットナイフを立てぎみにして小刻みに動かして塗り、きれいにならす。上からあふれたクリームで側面を塗る。

11

上面に、パレットナイフの背で放射状に3本の線をつける。中星形口金をつけた絞り袋に残りの7～8分立てのクレーム・シャンティーを詰め、線上の縁に近いところに絞り、さらにその内側から中心に向かって絞り出す。いちご6粒をのせ、冷蔵庫で冷やす。

チーズケーキ
CHEESE CAKE

チーズケーキにはベイクド、スフレ、レアの3タイプがありますが、カフェ・バッハではコーヒーにすっとなじんで口溶けのよいスフレタイプを作っています。しっとりとしてふわっと空気を抱いて柔らかく、コクのある味わいです。チーズとお菓子のつなぎ役になるレモンの酸味をしっかりと効かせることで、味にいっそう奥行きが生まれます。また食べるときは温度にも気をつけましょう。冷蔵庫から出したては生地が締まってコーヒーとのなじみが悪くなります。少しおいて室温近くにし、スフレ状に戻すのを忘れずに。

材料（直径21cmのジェノワーズ型1台分）

クリームチーズ	428g
バター（食塩不使用）	63g
グラニュー糖	59g
卵黄	85g
薄力粉	27g
レモンの搾り汁	20g
生クリーム（乳脂肪分47％）	90g
牛乳	45g
【メレンゲ】	
卵白	165g
グラニュー糖	59g

下準備

- ジェノワーズ型にバター（分量外）を塗り、グラニュー糖（分量外）を均一にまぶす。ロール紙で底紙を敷き、冷蔵庫で冷やす。
- メレンゲ用の卵白とグラニュー糖を軽く混ぜ合わせ、冷蔵庫で30分ほど冷やす。
- 生クリームと牛乳を合わせて冷蔵庫に入れる。
- クリームチーズとバターを冷蔵庫から出して厚さ1cm弱に切り、常温に戻す。
- 卵黄を溶きほぐす。
- 薄力粉を2度ふるう。

オーブンの予熱は150℃

中深煎りに合うお菓子

コーヒーとの相性

このお菓子は香り高く風味がおだやかで、旨みとコクが強く、加えて少し酸味もあります。このように味の要素がいろいろ組み合わさったチーズケーキには、コーヒーも苦みやコクの成分を多く含んだ中深煎りが合います。なかでも酸味の少し強い品種を選べば、よりいっそう合うでしょう。

BACH'S SELECTION
- BEST ➡ 中深 タンザニア
- BETTER ➡ 中深 グアテマラ
- OTHER ➡ 中深 コロンビア

1 スタンドミキサーに、ミキサーボウルとビーターをセットする。ボウルにクリームチーズとバターを交互に入れながら、低速、高速、中速の順で混ぜ合わせ、均一の状態にする。

2 グラニュー糖の1/3量を加え、低速、中速の順で混ぜ、均一の状態にする。同様にして、残りのグラニュー糖を混ぜる。卵黄を少しずつ加え、混ぜ合わせる（写真）。薄力粉を一度に入れ、はじめは低速で混ぜ、すぐに中速で約10秒混ぜ合わせる。

3 ❷を裏ごしする。

> グルテンを形成させないように、薄力粉を混ぜるのは、ごく短時間。裏ごしすることで生地が均一になり、卵のカラザなども取り除き、なめらかな状態になります。

4 メレンゲを作る。スタンドミキサーに、新しいミキサーボウルとワイヤーホイップをセットする。下準備した卵白を低速で混ぜ、まとまってきたら高速、中速、低速をくり返す。

5 ツヤのあるなめらかなメレンゲにする。

> 泡立て不足だとスフレ状に焼き上がらず、泡立てすぎるとふくらんだあとに凹むことがあります。

advice
ふわふわの食感を生み出すのはメレンゲ。その泡を消すことなく、重くて密度のあるチーズ生地にしっかりなじむよう、メレンゲはツヤのあるなめらかな状態にするのがポイントです。

中深煎りに合うお菓子

6
❸にレモンの搾り汁を混ぜ、牛乳を混ぜた生クリームを1/3〜1/4量加え、ゴムべらを大きく動かし、泡立てないように混ぜ合わせる。

7
同様にして、残りの生クリームを混ぜる。

8
❺のメレンゲの1/3量を加え、しっかり混ぜてなじませる。残りを2回に分けて加え、今度は泡をつぶさないように混ぜる。

> 1回目はメレンゲの泡が多少つぶれてもOK。チーズ生地とメレンゲをなじませることが大切。2回目以降は泡をつぶさないように気をつけましょう。

9
別のボウルに移して生地の天地をひっくり返し、均一な状態にする。冷蔵庫から型を取り出し、生地を流し入れる。

10
コルヌで縁の約5mm内側を平らにならす。天板にのせ、70〜75℃の湯で湯せんにし、150℃のオーブンで30分焼く。湯からはずし、ダンパーを開けて30分焼き、さらにオーブンのドアを少し開けて30分焼く。

> この生地は型の壁面にまぶしたグラニュー糖を伝って上へふくらむので、生地をならすときにコルヌでかき落とさないように注意。

11
焼き上がったら、型の縁に沿ってパレットナイフを当ててすき間を作り、熱を抜く。型に入れたまま30分ほど冷ます。ロール紙をかぶせて作業板をのせ、ひっくり返して型と底紙をはずす。再度ひっくり返し、常温で1時間冷ます。

昔風りんごのケーキ
ALTDEUTSCHER APFELKUCHEN

生のりんごをパウンド生地に入れて焼いたこのケーキは、フレッシュで上品な酸味と甘みが生地にしみ込んだ、りんごの風味あふれる味わい。そのためにりんごは〝はしり〟を使いますが、できれば果肉のしっかりとした紅玉がおすすめです。カットの方法も味を生み出す大切な要素のひとつで、薄すぎたり小さすぎたり、逆に大きすぎてもいけません。直径21cmの型なら、りんご1個を10等分するのがちょうどよいバランスです。旬の恵みを存分に堪能できるよう、カフェ・バッハでは10月頃から作り始め、長くても1月で終わりにしています。

コーヒーとの相性

浅	中	中深	深
×	△	◎	△

お菓子を口に入れると、りんご風味のバター生地に続いて半生に加熱されたりんごの食感と爽やかな酸味が広がります。仕上げに塗るアプリコットジャムとフォンダンともあいまって、甘いながらも酸味できれいにまとまった質量感のあるお菓子なので、コーヒーはバランスよく苦みと酸味が融合したふくよかなタイプがよいでしょう。線の細いタイプや目立った個性のあるコーヒーは、どちらもお菓子が生きません。

BACH'S SELECTION
- BEST → 中深 パプアニューギニア
- BETTER → 中深 グアテマラ
- OTHER → 中深 バッハブレンド

材料（直径21cmのジェノワーズ型1台分）

りんご	300g

パータ・ケイク

バター（食塩不使用）	200g
グラニュー糖	200g
全卵	200g
薄力粉	200g
塩	ひとつまみ
レモンの皮[*1]	小さじ½
バニラエッセンス	数滴
アプリコットジャム	適量
フォンダン（市販品）	適量
シロップ[*2]	適量

*1 レモンを粗塩でこすり洗いし、表皮をすりおろしたもの。
*2 グラニュー糖と水を1：1の割合で合わせて煮溶かしたもの。

中深煎りに合うお菓子

下準備
- ロール紙をジェノワーズ型の底と側面に合わせて切り、敷く。その際に、縁部分は型よりも1cm高くなるようにする。
- バターを厚さ1cm弱に切り、常温に戻す。
- 薄力粉は2度ふるう。
- 全卵は溶きほぐす。

 オーブンの予熱は**190℃**

1

パータ・ケイクをp.21の要領で作る。このとき、塩とレモンの皮はグラニュー糖に混ぜておく。最後にバニラエッセンスを加えて混ぜる。

2

りんごは皮と芯を取る。

> 芯の取り方は、p.60 ❼ を参考にして、取り残しがないようにしましょう。

3

くし形に10等分にする。

4

ジェノワーズ型に❶の半量強を流し入れ、コルヌで平らにならす。その上に、❸を尻側を中央に向けて放射状に並べる。すき間は、りんごを小さく切って埋める。

5

残りの生地を上から流す。コルヌを立てて持ち、生地の縁に差し入れ、すき間がないようにする。表面をコルヌでならす。型を作業台から10cmほど浮かして落とし、生地全体を落ち着かせる。

6

型ごと天板にのせ、190℃のオーブンで、50〜55分焼く。焼き上がったら型から取り出し、クーラーにのせて完全に冷ます。

7

表面を飾る場合は、小鍋にアプリコットジャムと水少量を加えて火にかけ、濃度を調整する。同様にフォンダンにシロップを加え、湯せんにして濃度を調整する。ハケでジャムとフォンダンを塗る。

> **advice**
> パータ・ケイク生地はバター、砂糖、卵、粉の順に加えて仕込みます。基本的には分離しやすい生地です。もし分離したら薄力粉を少し加えて混ぜ、調整しましょう。ただし多すぎるとしっとりした食感がなくなりますので、ご注意ください。

フルーツケーキ
CAKE AUX FRUITS

中央が大きく割れ、しっかり焼き色のついたシンプルな定番菓子は、包丁で切ると、生地いっぱいに赤、緑、茶、黒茶の材料がちりばめられ、まるで宝石箱を開けたよう。彩りの楽しさに加え、ドレンチェリー、レーズン、くるみ、それぞれの歯ざわりや風味がパウンド生地においしさを添えてくれます。ラム酒の香りが生地になじみ、しっとりとした食感はどこか懐かしい味わいです。焼いた当日もおいしいですが、少しおいて生地にフルーツの味がなじんでいく変化を日ごとに味わう楽しみ方もぜひどうぞ。

コーヒーとの相性

浅	中	中深	深
△	△	◎	△

このお菓子は、バター、砂糖、卵、粉とお菓子の基本材料を使ったバランスのよさが特徴。ドレンチェリーの歯ざわりやくるみのナッツ香などさまざまな味の要素も加わり、バランスが抜群によいので、浅煎り、中煎り、中深煎り、深煎りと、どのタイプのコーヒーともほどよくマッチします。なかでも、いろいろな味の成分がバランスよくある中深煎りのブレンドがベストでしょう。

BACH'S SELECTION
- **BEST** 中深 バッハブレンド
- **BETTER** 全般に合う

材料（8cm×18cm×高さ6.5cmのパウンド型2台分）

パータ・ケイク
- バター（食塩不使用） …… 200g
- 粉糖 …… 180g
- 全卵 …… 200g
- 薄力粉 …… 100g
- フランス粉 …… 100g
- ベーキングパウダー …… 2g
- 牛乳 …… 32g

フルーツのフランベ
【ドライフルーツ】
- ドレンチェリー（赤） …… 40g
- ドレンチェリー（緑） …… 40g
- レーズン …… 120g
- オレンジピール …… 80g
- ラム酒 …… 60g
- グラニュー糖 …… 60g
- くるみ（から焼きしたもの）* …… 60g

- ブランデー …… 24g

*くるみを半割りにし、渋皮が少しむけるくらいまでオーブンで焼き、6等分する。

下準備

前日 ※フルーツのフランベを仕込む
- ドレンチェリーは四つ割りに、オレンジピールは5mm角に切る。レーズンはかたいヘタなどを取り除き、さっと水洗いして水気をきる。

当日
- パウンド型に合わせて、ロール紙の型紙を敷く。
- バターを厚さ1cm弱に切り、常温に戻す。
- 粉類（薄力粉、フランス粉、ベーキングパウダー）を合わせて2度ふるう。
- 全卵を溶きほぐす。

オーブンの予熱は180℃

advice

カフェ・バッハでは、ドライフルーツは使う前日に砂糖を煮溶かしたラム酒で炊き、から焼きしたくるみを混ぜ合わせて、使う前に汁気をきっています。こうするとドライフルーツに独特の深い味わいと風味が出て、くるみは食感を保ったままラム酒の風味をまとってくれます。時間がなければ、直前にドライフルーツにラム酒をふりかけるだけでもかまいませんよ。

中深煎りに合うお菓子

1
前日 フルーツのフランベを仕込む。銅ボウルにラム酒を入れて中火で沸かし、グラニュー糖を入れて煮溶かす。下準備したドライフルーツを入れ、軽く煮たら火からおろす。くるみを加えて軽く混ぜ、味をなじませる。冷蔵庫に入れておく。

2
当日 ❶をザルに上げ、余分な汁気をきる。

3
パータ・ケイクをp.21の要領で作る。

> 牛乳を加えると、生地にコクがつき、保湿にもなる。

4
❸に❷を加え、ゴムべらでざっくりと混ぜ合わせ、牛乳も加え混ぜる。

5
パウンド型2台に、それぞれ8分目ほど入れ、小さなコルヌを四隅に差し込み、すき間のないようにきっちりと詰める。表面をコルヌで平らにならす。型を作業台から10cmほど持ち上げて落とし、生地の気泡を整える。

> 焼くと大きくふくらむため、型いっぱいに生地を詰めないように注意。

6
天板にパウンド型を離して並べ、180℃のオーブンで55～60分焼く。途中、20分ほどたったらいったん取り出し、包丁の切っ先で、中央に深さ5mmほどの切り目を入れ、すぐにオーブンに戻す。

> 生地の温度を下げないよう、オーブンのすぐそばで、短時間で行いましょう。

7
焼き上がったら型からはずし、クーラーにのせ、熱いうちにブランデーをハケでたっぷりと塗る。そのまま冷ます。

> ハケは水でぬらして水気をきり、ブランデーを吸わないようにします。

ピティヴィエ
PITHIVIERS

パイ生地とアーモンドの香り豊かなクレーム・ダマンド。この2つのみで作る、じつにシンプルなお菓子です。パイ生地は粉糖をふってほろ苦くなるほどしっかりと焼き込んでいるので、口に入れるとサクッと心地よい歯切れに続いて香ばしいバター風味とアーモンドの風味が広がるのが魅力。食べ飽きないクラシックな味わいです。上面の筋模様は、王様の馬車の車輪を模したものといわれ、見た目の美しさだけでなくパイの歯ざわりをよくするのにも一役買っています。

　フランスで、1月のエピファニー（公現祭）に食べる「ガレット・デ・ロワ」とよく似ています。パイ生地でクレーム・ダマンドを包んで焼くところも同じですが、ガレット・デ・ロワはもう少し薄く、平らな形をしていて、ピティヴィエはドームのようにふくらんだ焼き上がりが特徴です。

材料（直径20cm1台分）

パート・フイユテ
（作りやすい分量。1台分600gを使用）

【小麦粉の生地】
- バター（低水分、食塩不使用） 50g
- 強力粉 250g
- 薄力粉 250g
- 冷水 250g
- 塩 10g

バター（低水分、食塩不使用、折り込み用） 400g
打ち粉（強力粉） 適量

クレーム・ダマンド
- バター（食塩不使用） 90g
- 粉糖 90g
- 全卵 60g
- アーモンドパウダー 90g
- アマレット酒 18g

溶き卵（仕上げ用） 適量
粉糖（仕上げ用） 適量

コーヒーとの相性

浅	中	中深	深
×	×	◎	△

パイ生地と焼き色のつややかなカラメル、香ばしさなど、油分のかたまりのようなコクの豊かな味わいが特徴のお菓子なので、お菓子に負けないコーヒーらしさのしっかりあるものがぴったりです。ほろ苦く量もたっぷりいただける中深煎りとともに味わうのがよいでしょう。アーモンドのローストしたナッツ香も中深煎りから深煎りによく合います。お菓子を食べてコーヒーを飲んで、その重なっていく旨みがまた新しいおいしさを生む典型的な合わせ方です。

BACH'S SELECTION
- BEST　中深　全般
- BETTER　深　全般

下準備

前日 ※パート・フイユテとクレーム・ダマンドを仕込む

- パート・フイユテのバターをどちらも冷蔵庫で冷やす。冷水に塩を溶かす。強力粉と薄力粉は合わせて2度ふるう。
- クレーム・ダマンドのバターを常温に戻す。全卵を溶きほぐす。アーモンドパウダーをザルで2度こす。

オーブンの予熱は**200℃**

1 **前日** パート・フイユテをp.33〜34の要領で仕込み、冷蔵庫でひと晩休ませる。

焼く当日に仕込む場合は、2〜3時間冷蔵庫で休ませます。

2 クレーム・ダマンドをp.39の要領で仕込み、冷蔵庫でひと晩休ませる。

焼く当日に仕込む場合は、2〜3時間冷蔵庫で休ませます。

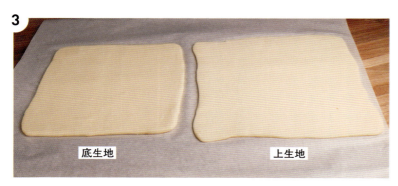

3 底生地　上生地

当日 ❶を冷蔵庫から出し、240gと360gに切り分ける。240gはめん棒で21cm四方、厚さ4〜5mmにのばし、底生地用にする。360gは22cm四方、厚さ4〜5mmにのばし、上生地用にする。ビニールをかぶせ、冷蔵庫で30分休ませる。

4 ❷を冷蔵庫から出し、常温に戻す。泡立て器でクリーム状にし、12mm丸口金をつけた絞り袋に詰める。作業台にロール紙を敷き、❸の底生地を広げ、丸皿などを当てて直径15cmと20cmの同心円の印をつける。

5 15cmの円の内側に、❹で絞り袋に詰めたクレーム・ダマンドを渦巻き状に絞り、中央部は二重に絞る。ゴムべらで表面をならす。

6 クレーム・ダマンドの周りにハケで水を塗る。

中深煎りに合うお菓子

7

❸の上生地を、45度ずらしてかぶせる。中心から縁へ、手のひらで軽く押して空気を抜き、円周部分を指で強く押して、しっかりとくっつける。冷蔵庫で30分冷やす。

8

閉じ目の縁にぴったり合う丸皿（直径約20cm）などをかぶせ、縁をペティナイフの切っ先で切り落とす。

9

天板にのせ、生地の縁に、ペティナイフで斜めに切り込みを入れて菊形にする。

10

表面にハケで溶き卵を塗り、ペティナイフの切っ先で、中心から外側へ、弧を描くように筋模様を入れる。筋の上に5〜6か所、蒸気抜きの穴をあける。

11

200℃のオーブンで45〜50分焼く。焼き上がったら取り出し、オーブンの温度を230℃に上げる。粉糖を茶こしでまんべんなくふり、天板にこぼれ落ちた粉糖をきれいにふき取る。

12

オーブンに戻し、6〜7分加熱し、表面をカラメリゼする。取り出してクーラーにのせ常温に冷ます。

パート・フイユテの上生地をかぶせるとき、45度ずらすのには意味があります。全体をおおうことができるだけでなく、底生地に対してパイの層が違う方向になることで加熱したときに全体が均等にふくれるので、形がきれいに仕上がります。作り方❿で上生地に蒸気抜き用の穴をあけたか、オーブンに入れる前に必ず確認してください。

ミルフイユ
MILLE-FEUILLE

19世紀頃にフランスで作られたお菓子で、フランス語の「千枚の葉」の名の通り、幾重もの層になったパイ生地が枯れ葉のように美しく色づいたさまを表現しているといわれます。カフェ・バッハではパイ生地に粉糖をたっぷりかけて焼き上げ、カラメル風味のほどよい苦みとカリッとした歯切れのよさをプラス。かむごとにサクッと繊細に割れていくパイ生地とラム酒を効かせた大人のクレーム・パティシエールを重ねたシンプルなスタイルは、パイとパティシエールのおいしさが際立つぶん、きちんとていねいに作りたいお菓子です。

コーヒーとの相性

浅	中	中深	深
×	×	◎	△

甘み、コク、カラメリゼのほろ苦さ、バターの風味が合わさったお菓子なので、コーヒーもこれらの要素がある程度バランスよく含まれる中深煎りがベストマッチでしょう。なかでもスパイシーでボディ豊かなタイプだと旨みが広がります。きれいな苦みと上質の酸味、華やかな香りを持つ深煎りも合いますが、深煎りでもボディのある苦みのイタリアンローストでは、クレーム・パティシエールのおいしさが抑えられてしまいます。

BACH'S SELECTION
- BEST ▶ 中深 スマトラ・マンデリン
- BETTER ▶ 深 エチオピア・シダモW
- OTHER ▶ 中深 タンザニア

材料 (8個分)

パート・フイユテ
(作りやすい分量。300gを使用)

【小麦粉の生地】
- バター(低水分、食塩不使用) ……… 50g
- 強力粉 ……… 250g
- 薄力粉 ……… 250g
- 冷水 ……… 250g
- 塩 ……… 10g

バター(低水分、食塩不使用、折り込み用) ……… 400g
打ち粉(強力粉) ……… 適量

クレーム・パティシエール
- 卵黄 ……… 72g
- グラニュー糖 ……… 90g
- 薄力粉 ……… 30g
- 牛乳 ……… 300g
- バニラのさや ……… ¼本
- ラム酒 ……… 13g

粉糖 ……… 適量

下準備

前日 ※パート・フイユテを仕込む

- バターをどちらも冷蔵庫で冷やす。
- 強力粉と薄力粉は合わせて2度ふるう。
- 冷水に塩を溶かす。

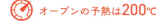 オーブンの予熱は200℃

中深煎りに合うお菓子

1

前日 パート・フイユテをp.33〜34の要領で仕込み、冷蔵庫でひと晩休ませる。

> 焼く当日に仕込む場合は、最低2〜3時間冷蔵庫で休ませてください。

2

当日 ❶を冷蔵庫から取り出し、300gを切り出す。作業台にロール紙を敷いてのせ、めん棒で30cm×40cmにのばし、冷蔵庫で30分休ませる。冷蔵庫から取り出し、ピケローラーで穴を開ける。

> ピケローラーをまず中央から奥方向に転がし、次に中央から手前方向に向けて動かすと、生地が変形せず、作業性もよいです。

3

天板に霧を吹き、❷を置く。200℃のオーブンで27〜30分焼く。取り出して茶こしで粉糖をまんべんなくふりかける。

4

さらに6〜8分焼いてカラメリゼし、クーラーに取り出す。

5

クレーム・パティシエールを、p.37の要領で作る（写真）。使うときに泡立て器で混ぜて柔らかくし、ラム酒を少しずつ加え混ぜ、10mm丸口金をつけた絞り袋に詰める。

6

❹を作業板に置き、波刃包丁で端を切り落とす。短辺を3等分に切る。約9cm幅に3枚に切る。1枚を横長に置き、幅3.5cmずつに切り分ける。

> 一番上にのせるパイ用です。

7

作業台にロール紙を敷き、❻の9cm幅のパイ生地を1枚置いて❺の半量を絞り出す。パレットナイフで表面をならす。幅9cmのパイ生地を1枚重ね、残りのクリームを絞り出し、表面をならす。

8

3.5cm幅のパイ生地を、もとの形になるように並べる。はみ出したクリームをぬぐい、一番上のパイ生地の境目に波刃包丁を入れ、1ピースずつ切り分ける。

advice
側面にはみ出したクリームが気になるなら、残ったパイ生地を細かく砕き、手でまぶすときれいにカバーできます。

シュルプリーズ
SURPRISE

おなじみのシュークリームも、カフェ・バッハではひと味違うスタイルに。皮はふわっとふくらんだ柔らかいシュー生地と、パラパラとはかなく割れる繊細なパイ生地のコンビ。そこにクリームをたっぷりと詰めた、その名のとおり「驚き」のお菓子です。バランスを考え、シュー生地に使う水分は水の一部をコクのある牛乳に。クリームはパティシエールとシャンティーを混ぜきらないのがポイントで、コクがありながらも食感がソフトになり、コーヒーと合わせたときにすっとなじんで口離れよくいただけます。

中深煎りに合うお菓子

コーヒーとの相性

浅	中	中深	深
×	×	◎	△

BACH'S SELECTION
- BEST → 中深 バッハブレンド
- BETTER → 中深 グアテマラ
- OTHER → 中深 コロンビア

バターや卵、生クリームの味が濃厚ながらも重くなく、意外にデリケートなお菓子なので、苦みの強い深煎りやボディのない浅煎りは向きません。コーヒーらしい成分の豊かな中深煎りのブレンドが、苦すぎないのにボディがあってお菓子とのバランスがとてもよく、ベストマッチでしょう。お菓子にない、ほどよい苦みもプラスされ、相乗効果でさらにおいしくなります。パイ生地とのマッチングを重視するなら、同じ香ばしさを持つタイプや少しスパイシーでバランスのよいタイプの中深煎りを。

材料 (15個分)

パータ・シュー
(30個分の分量。半量を使用)

バター（食塩不使用）	110g
薄力粉	150g
牛乳	125g
水	125g
塩	3g
全卵	240g

パート・フイユテ
(30個分の分量。半量を使用)

【小麦粉の生地】

バター（低水分、食塩不使用）	25g
強力粉	125g
薄力粉	125g
冷水	125g
塩	5g

バター（低水分、食塩不使用、折り込み用）	200g
打ち粉（強力粉）	適量

クレーム・ディプロマット

【クレーム・パティシエール】

グラニュー糖	188g
卵黄	170g
薄力粉	63g
牛乳	625g
バニラのさや	½本

【クレーム・シャンティー】

生クリーム（乳脂肪分40％）	250g
粉糖	20g
コアントロー酒	7g

粉糖（仕上げ用）	適量

下準備

前日 ※パート・フイユテを仕込む
- パート・フイユテのバターをどちらも冷蔵庫で冷やしておく。
- 冷水に塩を混ぜ溶かす。
- 強力粉と薄力粉は合わせて2度ふるう。

当日
- パータ・シュー用のバターを冷蔵庫から出して1cm角に切る。水と牛乳を合わせ、塩を混ぜ溶かす。薄力粉を2度ふるう。全卵を溶きほぐす。
- クレーム・パティシエール用のバニラのさやを縦に裂き、種をこそげ取り、さやごと牛乳に入れる。薄力粉を2度ふるう。

 オーブンの予熱は200℃

advice
パート・フイユテもパータ・シューも、少量仕込みではよい状態に仕上がりにくいので、ぜひ30個分の分量でまとめて作ってください。作り方❹の状態で冷凍保存できます。使うときは、天板にのせてビニールをかぶせ、常温に戻してから同じように焼きます。

☞ p.100に続く

1	2	3

前日 パート・フイユテをp.33〜34の要領で仕込み、冷蔵庫でひと晩休ませる。 当日に仕込む場合は、最低2〜3時間冷蔵庫で休ませてください。	当日 ❶をめん棒で厚さ2mmにのばし、冷蔵庫で30分休ませる。パータ・シューをp.31の要領で作る。12mm丸口金をつけた絞り袋に詰める。	❷のパート・フイユテを9cm角の正方形に切り分け、作業台に作業板とロール紙を重ねて置き、並べる。その上にパータ・シューを20gずつ絞り、対角同士で合わせる。合わせ目を指で軽く閉じて、パータ・シューを包む。

4	5	6

天板に❸を等間隔に離して並べ、霧を吹く。	200℃のオーブンで32〜33分焼く。途中、焼き始めから10分後に、天板1枚を底に敷く。焼き上がったら、軍手をし、クーラーに取り出す。軍手をしたまま、熱いうちにやさしく持って、菜箸などで底に穴をあけ、クーラーにのせて冷ます。	クレーム・パティシエールをp.37の要領で作る。
	焼き上がったシュー生地はかなり熱いので、やけどしないよう、必ず軍手をして作業しましょう。	

7	8

ボウルに生クリームと粉糖を入れ、p.36の要領で10分立てのクレーム・シャンティーを作る。❻を泡立て器で混ぜて柔らかくし、クレーム・シャンティーの⅓量を加えてよく混ぜてなじませる。残りのクレーム・シャンティーを2〜3回に分けて加え、やさしく混ぜる。コアントロー酒も混ぜる。	❼を12mm丸口金をつけた絞り袋に詰め、❺であけた穴に口金を差し込み、クリームをたっぷりと詰める。茶こしで粉糖をふる。 生クリームがまだらに残るよう、均一になるまで混ぜないように。

中深煎りに合うお菓子

パリブレスト
PARIS-BREST

1891年に行われたフランス・パリ＝ブレスト間の往復自転車レースを記念して、車輪を模して作られたお菓子。プラリネクリームのシルクのようになめらかな口当たりと、ナッツとバターの豊かな香りを味わうお菓子なので、シュー生地には甘みを加えず、しっかりと焼き込んで軽やかな味わいに。さらにシューは2重仕立てにし、クリームが重くなりすぎずおいしく味わえるバランスをとっています。このスタイル、断面の姿も特徴的です。

コーヒーとの相性

浅	中	中深	深
×	×	◯	◎

BACH'S SELECTION
- BEST → 中深 タンザニア
- BETTER → 深 インディア
- OTHER → 深 ペルー

プラリネ風味の甘いバタークリームときちんと焼いて香ばしさを出したシュー生地の組み合わせは、それだけで力強い味わいなので、コーヒーにも力強さが必要。焙煎が進んでナッツ香が増し、味わいも豊かになった中深煎りと合わせるとさらにお菓子のおいしさがふくらみます。また深煎りの中でもすっきりした苦みを持つタイプと合わせて、味の輪郭をはっきりさせてもよいでしょう。

材料（2台分）

パータ・シュー
- バター（食塩不使用）……… 90g
- 全卵 ……… 150g
- 卵黄 ……… 20g
- 薄力粉 ……… 120g
- 牛乳 ……… 100g
- 水 ……… 100g
- 塩 ……… 2g

プラリネ風味のバタークリーム
- バター（食塩不使用）……… 240g
- プラリネ ……… 120g

【クレーム・パティシエール】
- 卵黄 ……… 60g
- グラニュー糖 ……… 75g
- 薄力粉 ……… 13g
- カスタードパウダー ……… 13g
- 牛乳 ……… 250g
- バニラのさや ……… 1/3本

- 溶き卵（全卵）……… 適量
- アーモンドスライス ……… 適量
- あられ糖 ……… 適量
- 粉糖（仕上げ用）……… 適量

下準備

- パータ・シュー用のバターを冷蔵庫から出して1cm角に切る。水と牛乳を合わせ、塩を混ぜ溶かす。薄力粉を2度ふるう。全卵と卵黄を溶きほぐす。
- プラリネ風味のバタークリーム用のバターとプラリネを常温に戻す。
- クレーム・パティシエール用のバニラのさやは縦に裂いて、種をこそげ取り、さやごと牛乳に入れる。

オーブンの予熱は**200℃**

1 パータ・シューをp.31の要領で作る。12mm丸口金をつけた絞り袋に詰める。

2 天板2枚にバター（分量外）を薄く塗り、直径21cmのフラン型の縁に薄力粉（分量外）をつけ、天板の上に置いて、円形の跡を1か所つける。もう1枚の天板も同様にする。天板の1枚には、❶を円の内側と外側に絞り、その上にもう1本絞り出す。これが外生地となる。

3 もう1枚の天板は、円の内側に1本絞る。これが中生地となる。もう1台分も同様にする。

中深煎りに合うお菓子

4

両方の生地に溶き卵をハケで塗り、外生地のみ、アーモンドスライスとあられ糖を散らす。200℃のオーブンで、外生地は33分、中生地は22〜24分焼く。取り出してクーラーにのせて冷ます。

5

クレーム・パティシエールをp.37の要領で作る。使うときに泡立て器で混ぜて柔らかくする。

6

バターとプラリネを、ステンレス製スケッパーですり混ぜ、❺に2〜3回に分けて加え、そのつどよく混ぜる。大星形口金をつけた絞り袋に詰める。

> できれば、冷たくてかたいマーブル台を使ってください。材料が溶けてダレることなく、しっかりなめらかに混ぜることができます。なければ、ケーキプレートなど平らなもので。

7

❹の外生地は、波刃包丁で上1/3のところを水平に切り離し、下2/3の内側のシュー生地を取り出して溝を作る。ケーキプレートに置き、❻を溝いっぱいに絞り出す。

> 波刃包丁を使うことで、シュー生地がつぶれにくくなります。

8

❼に中生地をのせ、中生地の側面に、下から上に向かって❻のクリームを絞る。

9

中生地の内側にも同様に下から上に向かって❻を絞り、包み込むようにする。❼で切り離した生地をのせ、茶こしで粉糖をふる。

> 切り分けるときも、波刃包丁を使って、シュー生地がつぶれないようにしましょう。

フィナンシェ・オ・ショコラ

フィナンシェ

フィナンシェ2種
2 FINANCIERS

エッジがピッと立った金塊に見立てたフォルムは、日本でもおなじみ。焦がしバターの持つヘーゼルナッツのような風味とアーモンドのコクが豊かな焼き菓子です。カフェ・バッハではオレンジピールでアクセントをつけたスタンダードタイプと、ビターチョコを使ったチョコレートタイプの2種類を作っています。味わいは違っても、バター風味を一番に生かすのは同じ。しっとりとした口当たりです。またフィナンシェを口に含みながら砂糖なしの濃いコーヒーをいただくと、コーヒーがなめらかになって実に美味。お店では、濃厚に抽出してブラックでいただく「カフェ・シュヴァルツァー」に添えてお出しするお菓子でもあります。

材料（フィナンシェ型各18個分）

フィナンシェ
バター（食塩不使用）	125g
卵白	125g
グラニュー糖	100g
上白糖	23g
はちみつ	13g
薄力粉	50g
アーモンドパウダー	75g
オレンジピール	適量

フィナンシェ・オ・ショコラ
バター（食塩不使用）	100g
粉糖	130g
薄力粉	40g
アーモンドパウダー	60g
ココアパウダー	15g
卵白	120g
ビターチョコレート*	10g
はちみつ	10g
バニラのさや	1/3本
オレンジピール	適量

＊ヴァローナ社のエクストラビター61％を使用。

コーヒーとの相性

浅	中	中深	深
×	△	◎	△

バターの風味やヘーゼルナッツ香、アーモンドのコクの豊かな濃厚なお菓子なので、コーヒーも豊かな中深煎りと合わせて、少し苦みをプラスすると相乗効果でいっそうおいしくなります。中深煎りのなかでも、酸味が上品で強すぎないタイプを。苦みの強すぎない深煎りも合うでしょう。オレンジピールの香りのスタンダードタイプには、コクがあって柑橘系のフレッシュな酸味やオレンジフレーバーを持つ中煎りもマッチします。

BACH'S SELECTION
- **BEST** 中深 グアテマラ
- **BETTER** Var. スタンダードにはカフェ・シュヴァルツァー
  中深 ショコラにはタンザニア
- **OTHER** 中深 コロンビア
  中 パナマ・ドンパチ・ティピカ

フィナンシェ
FINANCIER

フィナンシェの下準備
前日 ※フィナンシェの生地を仕込む
- 薄力粉とアーモンドパウダーを合わせて、ザルで2度こす。
- バターを1cm角に切り分ける。

当日
- フィナンシェ型にハケでバター（分量外）を塗り、冷蔵庫で冷やしておく。
- オレンジピールを細切りにする。

前日 生地を仕込む。まず焦がしバターを作る。鍋にバターを入れて木べらで混ぜながら中火で加熱する。泡立って褐色になったら火からおろす。鍋ごと冷水に浸けて色止めし、茶こしでこす。

> 焦がしバターを使うことで香ばしさが増し、黄金色のきれいな焼き上がりになります。

ボウルに卵白を入れ、泡立て器でほぐす。グラニュー糖、上白糖を加えて混ぜ、湯せんにして砂糖を溶かし、はちみつを加え混ぜる。湯せんからはずし、粉類の1/3量を加え、混ぜてなじませる。残りの粉類も加え、しっかりと混ぜ合わせる。

❷に❶の1/3量を加え、よく混ぜ合わせる。

残りの焦がしバターも混ぜ合わせ、ゴムべらに替えて均一な状態にする。ビニールをかぶせ、<mark>冷蔵庫でひと晩休ませる</mark>。

> ひと晩休ませることで、安定した焼き上がりになります。当日仕込む場合は、冷蔵庫で2～3時間休ませましょう。

advice
表面はこんがり、中はしっとり焼き上げるには、焼く直前まで生地を冷やすのがポイント。生地が冷たいことで表面と中心の火の入り方に時間差ができるので、表面にこんがり焼き色がついたとき、中にちょうど火が入ります。水分が飛んでサクッとした食感の表面と、中のしっとり感、それらの味わいの違いが、フィナンシェのおいしさです。

🔥 オーブンの予熱は180℃

当日 ❹を冷蔵庫から取り出し、ゴムべらで混ぜて柔らかく戻す。

15mm丸口金をつけた絞り袋に詰め、フィナンシェ型に8分目まで絞り出す。

7 10〜15分常温におき、作業台に型を軽く打ちつけて生地をならし、オレンジピールをのせる。天板に等間隔に離して並べる。

8 ❼を180℃のオーブンで16〜17分焼く。周囲に焼き色がつき、表面がきれいなきつね色になったら焼き上がり。軍手をして型からはずし、クーラーにのせ、常温で冷ます。

中深煎りに合うお菓子

フィナンシェ・オ・ショコラ
FINANCIER AU CHOCOLAT

フィナンシェ・オ・ショコラの下準備

当日
- 粉糖、薄力粉、アーモンドパウダー、ココアパウダーを合わせて、ザルで2度こす。
- バニラのさやを縦に裂いて、種をこそげ取る。
- バターを1cm角に切り分ける。
- ビターチョコレートを刻み、ボウルに入れて、湯せん(60℃)で溶かす。

 オーブンの予熱は200℃

フィナンシェ・オ・ショコラの生地は安定しているので休ませる必要がなく、当日作る。

1 「フィナンシェ」の作り方❶の要領で焦がしバターを作る。

2 ボウルにふるった粉類を入れて卵白を一度に加え、泡立て器でゆっくりと混ぜ合わせる。溶かしたビターチョコレートも混ぜ合わせ、均一の状態にする。はちみつ、バニラの種を加え混ぜる。

3 ❶の1/3量を❷に加え、泡立て器でよく混ぜ合わせる。残りも混ぜ合わせ、ゴムべらに替えてより均一な状態にする。

4 ❸を12mm丸口金をつけた絞り袋に詰め、フィナンシェ型に8分目まで絞る。型を作業台に軽く打ちつけて生地をならし、オレンジピールをのせる。

5 天板に等間隔に離して並べ、200℃のオーブンで12〜13分焼く。焼き上がったら、型からはずしてクーラーにのせ、常温で冷ます。

107

パン・ド・ジェンヌ
PAIN DE GÊNES

一般にはリッチなジェノワーズ生地を大きめの型に流してシンプルに焼いたものをいいますが、バッハでは大きさは直径7cm。ジェノワーズとシュクレの2つの生地を組み合わせてフランボワーズジャムをしのばせ、焼き上がりにラム酒風味のグラス・ア・ロー（糖衣）をかけた、小さい中にもおいしさが詰まったお菓子に。崩れるようなシュクレ生地としっとりしたジェノワーズが1つになってコクが増し、そこにベリーの甘酸っぱさが味に変化をつけてくれる複雑な味わいです。

コーヒーとの相性	浅	中	中深	深
	△	◎	◎	○

リッチな生地やデリケートな食感、甘酸っぱさなど、複雑な味わいが一体化したおいしさのあるお菓子なので、コーヒーも同じくふくよかな中深煎りと合わせ、一緒になっていっそう広がる味を楽しむのがよいでしょう。なかでもスパイシーでベリー系の酸味を持ち、甘みもあるタイプがおすすめです。爽快な苦みを持つ深煎りも、味にメリハリがついてお菓子の輪郭が際立ちます。

BACH'S SELECTION
- BEST　中深　スマトラ・マンデリン
- BETTER　深　インディア
- OTHER　中深　コロンビア、グアテマラ

材料（直径7cmのミラソン型10個分）

パート・シュクレ
（10枚分。半量を使用）
バター（食塩不使用）	150g
粉糖	75g
全卵	25g
卵黄	20g
薄力粉	250g
打ち粉（強力粉）	適量

パータ・ジェノワーズ
全卵	90g
グラニュー糖	75g
【粉類】	
アーモンドパウダー	75g
薄力粉	20g
コーンスターチ	20g
バター（食塩不使用）	30g

フランボワーズジャム	70〜80g

グラス・ア・ロー
粉糖	150g
水	15〜18g
ラム酒	10g

下準備

前日 ※パート・シュクレを仕込む
- バターを厚さ1cm弱に切り、常温に戻す。
- 全卵と卵黄を合わせて溶きほぐす。
- 薄力粉を2度ふるう。

当日
- フランボワーズジャムを裏ごしする。
- パータ・ジェノワーズのバターを1cm角に切る。
- 粉類を合わせ、ザルで2度こす。

🕒 オーブンの予熱は180℃

中深煎りに合うお菓子

1

<mark>前日</mark> パート・シュクレをp.27の要領で仕込み、冷蔵庫でひと晩休ませる。

> 焼く当日に仕込むなら、冷蔵庫で2〜3時間休ませましょう。

> 手早く、ていねいに。柔らかくなると食感よく焼き上がらないので注意。

2

<mark>当日</mark> ❶を冷蔵庫から取り出し、半量を切り出す。軽くめん棒でたたく。作業台に打ち粉をしてのせ、めん棒を前後に転がして、厚さ2.5mmにのばす。直径10cmの抜き型で、10枚抜く。ミラソン型に詰め、型の底の縁に親指の先を押し当て、空気が入らないように、しっかりと詰める。冷蔵庫で30分休ませる。

3

❷を冷蔵庫から取り出し、縁からはみ出した生地を、コルヌを斜めに当てて、内側が高くなるように傾斜をつけて、削り落とす。再度冷蔵庫に入れ、30分休ませる。

> 内側を高くすると、パータ・ジェノワーズを入れて焼いたとき、ふくらんだ生地があふれ出ず、きれいな形に盛り上がります。

4

パータ・ジェノワーズをp.23の要領で作る。このとき、粉類は一度に加える。15mmの丸口金をつけた絞り袋に詰める。

> この配合は混ざりやすいので、粉類は一度に加え、手早く混ぜましょう。混ぜすぎに注意。

5

❸を冷蔵庫から取り出し、フランボワーズジャムをスプーンで、それぞれ7〜8gずつのせ、❹を9分目ほどまで絞り入れる。

> 型いっぱいに入れるとあふれ出すので、9分目にとどめます。

6

180℃のオーブンで、28〜30分焼く。軍手をして型から抜き、クーラーで粗熱をとる。粉糖に少しずつ水を加え、ゴムべらでペースト状にし、ラム酒も少しずつ加え混ぜてグラス・ア・ローを作る。粗熱がとれたら、上面にグラス・ア・ローをハケで均一に塗り、常温で乾かす。

> 生地が完全に冷める前に塗ることで、均一にのびて仕上がりが美しくなります。

advice
作り方❸で、生地の縁を内側が高くなるよう傾斜をつけて削ることで、加熱するとふくらむパータ・ジェノワーズがあふれ出ず、きれいな形に盛り上がります。同じように、作り方❺でパータ・ジェノワーズを型いっぱいに入れないように。

ダコワーズ
DACQUOISE

サクッ、ふわっとした繊細な食感の生地にしっかり甘い濃厚なクリームをサンド。ナッツの風味をそのまま食べているようなメレンゲ生地と、ピスタチオ風味がしっかりと効いたバタークリームが口の中で合わさったときのおいしさは格別です。うっすら淡雪がかかったようでどことなく和菓子のような雰囲気を持つダコワーズ。実は考案したのは日本人パティシエです。

コーヒーとの相性

浅	中	中深	深
×	△	◎	◎

全体的には軽い口当たりですが、クリームにバターと卵黄、ピスタチオのオイル感がしっかりあるので、ある程度ボディのあるコーヒーのほうがマッチします。しっかりと甘いので、苦みのあるコーヒーとも合いますが、あまり味の要素が複雑でないほうがお菓子の輪郭がはっきりするでしょう。中深煎りは全般に合いますが、苦みがあって酸味の柔らかなタイプがベストマッチ。

BACH'S SELECTION
- BEST → 中深 パプアニューギニア
- BETTER → 深 ペルー

材料（12個分）

ダコワーズ生地
- グラニュー糖 …… 34g
- 卵白 …… 167g
- 薄力粉 …… 13g
- アーモンドパウダー …… 105g
- ヘーゼルナッツパウダー …… 21g
- 粉糖 …… 125g

ピスタチオ風味のバタークリーム
- バター（食塩不使用） …… 120g
- ピスタチオペースト …… 27g

【パータ・ボンブ】
- グラニュー糖 …… 60g
- 水 …… 30g
- 卵黄 …… 24g

- 粉糖 …… 適量
- ピスタチオ（飾り用） …… 6粒

下準備
- ダコワーズ生地用の薄力粉、アーモンドパウダー、ヘーゼルナッツパウダー、粉糖を合わせてザルで2度こす。
- クリーム用のバターを厚さ1cm弱に切り、常温に戻す。
- ピスタチオを縦半分に割る。

オーブンの予熱は190℃

1  ダコワーズ生地を作る。ミキサーボウルに卵白を入れ、ワイヤーホイップとともにスタンドミキサーにセットする。低速で溶きほぐし、グラニュー糖の1/3量を入れ、高速、中速、低速と速度を変えて泡立て、かさが増えたらグラニュー糖1/3量を加え、同様に泡立てる。	**2**  ワイヤーホイップを持ち上げ、卵白の落ちた跡が筋状に残るようになったら、グラニュー糖の残りを加え、しっかり泡立て、ツヤのあるモコモコしたメレンゲを作る。	**3**  ミキサーボウルを作業台に移し、粉類の1/3量を加え、ゴムべらでざっくり混ぜる。粉気が残っているうちに残りを全部加えてざっくり混ぜ合わせる。20mm丸口金をつけた絞り袋に詰める。 均一に混ぜきらなくてOK。混ぜすぎに注意。
4  作業板にオーブンシートを敷き、シャブロン型を水に浸けて型の内側をぬらし、❸を24枚分絞り出す。	**5**  型をはずし、上生地用の12枚に半割のピスタチオを1個ずつ飾る。全部に茶こしで粉糖をたっぷりかけ、そのまま常温におき、粉糖が溶けてきたら、もう一度粉糖をかける。	**6**  オーブンシートごと天板にのせ、190℃のオーブンで17〜18分焼く。
7  ロール紙と作業板をかぶせ、ひっくり返す。オーブンシートをはがし、再度ひっくり返し、表を上にして、クーラーにのせ冷ます。	**8**  パータ・ボンブを作る。鍋に水とグラニュー糖を入れて中火で熱し、グラニュー糖が溶けて沸騰し、113〜115℃になるまで加熱する。同時に❾の作業も始める。 200℃温度計がなければ、シロップ少量を冷水に落とし、指先で丸め、指に沿って垂れるくらいの濃度になるのが、113〜115℃の目安。	**9**  スタンドミキサーにミキサーボウルとワイヤーホイップをセットする。卵黄を入れて中速で混ぜながら、❽を少しずつ加える。

中深煎りに合うお菓子

10
加え終えたら高速にし、白くもったりして、ミキサーの跡が筋状に盛り上がるまで混ぜる。中速に落とし、常温になるまで混ぜながら冷ます。

11
ピスタチオ風味のバタークリームを作る。別のミキサーボウルにバターを入れ、ワイヤーホイップとともにスタンドミキサーにセットし、高速で混ぜて均一なクリーム状にする。

12
ピスタチオペーストを2～3回に分けて加え、混ぜ合わせる。

13
⓬に⓾の1/3量を加え、低速、中速の順でよく混ぜてなじませる。残りを2回に分けて加え、中速で均一に混ぜる。18mm丸口金をつけた絞り袋に詰める。

状態がゆるいようなら、冷蔵庫で約30分冷やしてから絞り袋に詰めます。

14
作業板にロール紙を敷き、❼のピスタチオを飾った生地（上生地）は上向きに、下生地は裏返し、2枚1セットにして並べる。下生地に、⓭を約5mm厚さに絞り出し、上生地をのせる。冷蔵庫で30分ほど冷やす。

advice

シャブロン型は高価なので、お手持ちがない場合は紙に楕円形を描き、ロール紙を重ねてその上に生地を絞るとよいでしょう。もちろん他の好みの形にしてもよいですよ。

113

ブッタークーヘン
BUTTERKUCHEN

ドイツ語で「バターの焼き菓子」の意味を持つお菓子で、食パン風の軽いイースト生地にバターとアーモンドスライス、グラニュー糖をのせて焼き上げる、まるでバターシュガートーストのようなやさしい味わいのおやつ感覚のスイーツです。生地はこね時間も発酵時間も短く、バットを型として使うので、とても作りやすいでしょう。バターと砂糖をたっぷり使うので、かくし味として生地にレモンの皮で爽やかな風味をつけて、食べ口が重くならないようにしています。

コーヒーとの相性	BACH'S SELECTION
浅 × 　中 × 　中深 ◎ 　深 △	BEST → 中深 バッハブレンド BETTER → Var. カフェ・オ・レ

このお菓子の主素材であるイースト生地、アーモンド、砂糖、バターはコーヒーに合う要素ばかり。コーヒーのためのお菓子の王道です。ただし焼き色があまり濃くないので、コーヒーも苦みが強すぎないほうがよいでしょう。パンに近いお菓子でもあるので、毎日でも飲み飽きない抜群のバランスを持つ中深煎りのブレンドがベスト。お菓子がしっかり甘く乾いているので、2杯分をポットサービスにしてたっぷりお出しするのがおすすめ。やさしい味なので、カフェ・オ・レも。

材料（30cm×23cm×高さ3.5cmのバット1枚分）

生地
- バター（食塩不使用） …… 50g
- A
  - フランス粉 …… 250g
  - グラニュー糖 …… 50g
  - 塩 …… 4g
  - インスタントドライイースト …… 4g
  - レモンの皮* …… 適量
- B
  - 卵黄 …… 40g
  - 牛乳 …… 100g

打ち粉（強力粉） …… 適量

バター（食塩不使用、上塗り用） …… 50g
グラニュー糖（仕上げ用） …… 50g
アーモンドスライス（仕上げ用） …… 50g

* レモンを粗塩でこすり洗いし、表皮をすりおろしたもの。

下準備
- フランス粉を2度ふるう。
- 牛乳を常温（20℃）に戻し、卵黄を溶いて加え混ぜる。
- 生地を入れるボウルとバットにバター（分量外）を薄く塗っておく。

 オーブンの予熱は**190℃**

advice
手近にあるバットを型の代わりにでき、発酵時間も比較的短いので、いつでも気軽に作れるおやつパン。トッピングをフルーツなどに替えれば、バリエーションも楽しめるでしょう。

1

ミキサーボウルに A を入れ、ドゥーフックを手に持って混ぜ合わせる。さらに B を加える。

2

スタンドミキサーに、❶とドゥーフックをセットし、低速で1〜2分混ぜ、粉気が少し残るぐらいになったら、バターをめん棒でたたいて少しずつ加える。

3

生地が壁面につかなくなるまで、約4分混ぜる。手でひとまとまりにし、ボウルに入れてビニールをかぶせ、少し温かい室温（30℃前後）に40〜50分おく。

> グルテンが形成される前にバターを混ぜるので、歯切れのよい発酵生地になります。

4

作業台に打ち粉をし、❸をのせ、めん棒で平らにのばす。バットに入れ、手で生地をのばし、縁や四隅にすき間ができないよう、指でしっかり埋め込む。平らにならし、指で等間隔に穴をあける。

> 穴をあけることで、平らに焼き上がります。

5

上塗り用のバターを柔らかく練り、12mm丸口金をつけた絞り袋に詰め、生地の上に、筋状にまんべんなく絞り、へらでならす。

> バターを手でちぎって全体に散らしてもかまいません。

6

全体にグラニュー糖の半量、アーモンドスライス、残りのグラニュー糖の順にふり、ビニールをかぶせて常温で40分おく（最終発酵）。190℃のオーブンで20〜25分焼く。バットのまま冷まして粗熱をとり、4cm×9cmに切り分ける。

ヌスボイゲル
NUSSBEUGEL

「ナッツの曲がった菓子」の意味を持つドイツ菓子で、さっくりほろっと崩れる発酵生地の中にナッツやレーズン、はちみつなどの具が詰まった姿は、まるで中国の月餅のよう。三日月形にして溶き卵を三度塗りして焼くことで、香ばしい焼き色の中にひび割れ模様ができるのも特徴です。素朴ながらしっかりとした味わいと口の中で〝もそもそ〟とするドライな食感は、コーヒーのお供にぴったりです。フィンガーフードのように手でつまんでいただけるので、カップに添えてお出ししても。

コーヒーとの相性

浅	中	中深	深
×	△	◎	△

月餅のように中に具を閉じ込めたお菓子は、口の中で一気に広がる味と香りを楽しむのが醍醐味。ヌスボイゲルはもろく崩れるイースト生地からあふれ出すヘーゼルナッツ、レーズン、シナモン、はちみつなどが一体化した濃厚な旨みが味わえるので、コーヒーも同様にしっかりと味の要素がある中深煎りを。特にふくよかなブレンドやスパイシーな香りを持つタイプがよいでしょう。直火式のエスプレッソ特有の少しザラついたにごりも、素朴なお菓子と相性がとてもよいのですが、機械式で淹れたエスプレッソは味が濃すぎて向きません。

BACH'S SELECTION
BEST 中深 バッハブレンド　　**BETTER** 中深 スマトラ・マンデリン

材料（16個分）

生地

バター（食塩不使用）……… 50g

A ┌ フランス粉 ……… 250g
　├ グラニュー糖 ……… 50g
　├ 塩 ……… 4g
　├ インスタントドライイースト ……… 4g
　└ レモンの皮* ……… 適量

B ┌ 卵黄 ……… 40g
　└ 牛乳 ……… 100g

打ち粉（強力粉）……… 適量

詰め物（ヌスフルンク）

皮付きヘーゼルナッツ
（から焼きして皮をむき、粗みじん切りにしたもの*2）……… 150g
コリントレーズン ……… 25g
ケーキクラム*3 ……… 75g
バニラのさや ……… ¼本
レモンの皮*1 ……… ¼個分
シナモンパウダー ……… 1〜2g
はちみつ ……… 95g

全卵（塗り卵用）……… 適量
卵黄（塗り卵用）……… 適量
卵白（塗り卵用）……… 適量

*1 レモンを粗塩でこすり洗いし、表皮をすりおろしたもの。
*2 160℃に予熱したオーブンで16分焼いて渋皮をむき、粗みじん切りにする。
*3 パータ・ジェノワーズなど、ほかの菓子で切り落としたスポンジ生地を細かく砕いたもの。

中深煎りに合うお菓子

下準備
- 生地用のバターは厚さ1cm弱に切り、常温に戻す。フランス粉を2度ふるう。牛乳を常温（20℃）に戻し、卵黄を溶いて加え混ぜる。
- 詰め物のバニラのさやは縦に裂き、種をこそげ取る。
- 塗り卵用の卵黄に少量の牛乳（分量外）を加え、濃度を調節する。

オーブンの予熱は200℃

1

ミキサーボウルに A を入れ、混ぜ合わせる。B を加え、ドゥーフックとともにスタンドミキサーにセットする。低速で混ぜ、ひとまとまりにする。ビニールをかぶせ、常温で約30分休ませる。

2

詰め物を作る。ボウルにケーキクラムを入れ、バニラの種、レモンの皮、シナモンパウダーを加え、泡立て器で混ぜ合わせる。残りの材料を加え、混ぜる。

3

❷を20gずつに分割し、作業台に置いて手で丸め、前後に転がして長さ約9cmの棒状にする。

4

❶を30gずつに分割し、作業台に置いて手で丸め、めん棒で楕円形にのばす。❸を中央にのせ、周りに全卵をハケで塗る。

5

包み込んで生地の合わせ目を指でつまんでしっかり閉じる。

6

三日月形になるように曲げる。天板に等間隔に離して並べ、表面に卵黄をハケで二度塗りする。冷蔵庫で30分冷やし、表面を乾かす。

❺の閉じ目が下になるように置きます。

7

❻を冷蔵庫から取り出し、卵白をハケで塗り、200℃のオーブンで13〜15分焼く。

冷たい生地を熱いオーブンに入れると、生地が急激にふくらみ、塗り重ねた卵液にひびが入って模様になります。

advice

このお菓子はトースターで少し温め直すと詰め物に使っているシナモンの香りが立ち、いっそうおいしくいただけます。また、焼き上げたあとも冷凍で保存がきくので、時間のあるときにたくさん作っておくと重宝します。

バヴァロワ
BAVAROIS

卵黄とたっぷりの牛乳にバニラの香り漂うクレーム・アングレーズを柔らかく固めた、冷たいデザートの王道ですが、そこにコーヒー豆の香りをプラスするのがバッハ流。カラメルソースもコーヒー風味にして味に厚みを出すことで、おやつになりがちなところを大人も楽しめる味わいに仕立てています。ここで使うコーヒーは深煎りを。乳製品に合わせるときは、苦みがしっかりして酸味の少ない深煎りが鉄則です。

材料（バヴァロワ型小6個分）

バヴァロワ
卵黄	60g
グラニュー糖	60g
牛乳	260g
コーヒー豆（深煎り）*	15g
バニラのさや	1/4本
板ゼラチン	5g
生クリーム（乳脂肪分40％）	50g

コーヒー風味のカラメルソース
ぬるま湯	75g
グラニュー糖	50g
コーヒー豆（深煎り）*	25g
ブランデー	少量

＊ カフェ・バッハの深煎りブレンド「イタリアンブレンド」を使用。

下準備
- バニラのさやは縦に裂いて、種をこそげ取る。
- コーヒー豆をどちらも粗挽きにする。

コーヒーとの相性

浅	中	中深	深
×	×	◎	◎

BACH'S SELECTION
BEST ▶ 中深 パプアニューギニア
BETTER ▶ 深 ペルー

なめらかでウェットなこのデザートは、舌の上にしっかりとのってゆっくり溶けていくので、意外にあと口に残りやすいものです。味わいも卵や牛乳、生クリームなどが濃厚なので、コーヒーはその甘みやクリームも洗い流してくれるイメージで選ぶと、苦みが強めで味の要素が少なく、爽やかでボディの弱いタイプがよいでしょう。ふくよかで飲みごたえのあるコーヒーはヘビーになり、酸味の強いコーヒーは乳製品と相性がよくありません。

中深煎りに合うお菓子

1 バヴァロワを作る。ボウルに卵黄を入れ、泡立て器で溶きほぐす。グラニュー糖を加え、白っぽくなるまですり混ぜる。

2 鍋に牛乳を入れ、粗挽きにしたコーヒー豆とバニラのさや、種を入れて火にかけ、ひと煮たちさせる。こしながら❶に加え、混ぜ合わせる。

3 板ゼラチンを氷水で戻す。❷を鍋に入れ、中火にかけて木べらで混ぜながら、83℃になるまで沸かす。火を止め、ボウルにこし取る。板ゼラチンの水気を絞って加え、混ぜ溶かす。氷水に当て、ゴムべらで混ぜながら30℃前後に冷やす。

4 別のボウルに生クリームを入れ、氷水に当てながら泡立て器で6〜7分立てにする。❸に1/3量を加える。混ぜてよくなじませる。

5 残りの生クリームを2回に分けて加え、やさしく混ぜる。再び生クリームのボウルに移し、混ぜ合わせる。

6 バヴァロワ型を水にくぐらせてバットに並べ、❺をレードルで8分目まで流し入れる。冷蔵庫で4時間冷やし固める。

7 カラメルソースを作る。銅ボウルにグラニュー糖の1/3量を入れ、中火にかけ、木べらで混ぜながら加熱し、溶かす。同様に2回くり返す。カラメル色になったら火を止めてぬるま湯を加える。

8 火にかけてシロップ状になったら粗挽きにしたコーヒー豆を加え、ひと煮たちさせる。こしてブランデーを加え、冷ます。❻を器に盛り、カラメルソースをかける。

advice
バヴァロワで、バニラの種がかたよって固まっているのを見たことがありませんか？材料を全部混ぜ合わせたら、いったん別のボウルに移して泡立て器で混ぜると、全体に行きわたります。このように上下をひっくり返すことを「天地がえ」といいます。

クリスマスのお菓子、シュトレンに挑戦！

STOLLEN

純白の産着に包まれたキリストをかたどっているといわれ、クリスマスのイメージが強いお菓子ですが、本場ドイツのお菓子屋さんでは冬季を通して作られているごく日常のお菓子です。イースト生地の風味とローマジパンのコク、漬け込んで芳醇になったドライフルーツ、スパイスの香りが豊かなので1.5cm幅ぐらいに切るのがおいしいでしょう。ポロポロとしたやさしい食感や表面の溶かしバターの風味、たっぷりのバニラシュガーも味のポイントに。作ってすぐよりも、4〜5日おいたほうが、味がなじんでおいしくなります。

コーヒーとの相性

浅	中	中深	深
×	×	◎	◎

イーストを使ったパン生地ながら、フルーツケーキのようでもあり、おやつにも軽食にもなります。味の要素が複雑でしかも豊かなので、シンプルな味わいのコーヒーやマイルドで酸味の立つ浅煎りや中煎りは向かず、コクや旨みの豊かな中深煎りと合わせると互いに引き立て合い、ぐんとふくよかになります。日々のお菓子なので、毎日飲みたくなるバランスのよい中深煎りのブレンドもよいでしょう。スパイシーな味わいのコーヒーと合わせて相乗効果を狙っても。

BACH'S SELECTION
- **BEST** 中深 バッハブレンド
- **BETTER** 中深 スマトラ・マンデリン
- **OTHER** 深 エチオピア・シダモ、インディア

材料 (23cm×10cm×高さ6cmのシュトレン型2台分)

アンザッツ（スターター）
- フランス粉 …… 73g
- 牛乳 …… 73g
- インスタントドライイースト …… 8.8g

クリーミング生地
- バター（食塩不使用）…… 145g
- 卵黄 …… 18g
- グラニュー糖 …… 36g
- ローマジパン* …… 58g
- カルダモン（パウダー）…… 小さじ2
- ナッツメッグ（パウダー）…… 小さじ3

- フランス粉 …… 290g
- 塩 …… 4.5g

ドライフルーツの洋酒漬け
(作りやすい分量。394gを使用)
- レーズン …… 145g
- サルタナレーズン …… 145g
- オレンジピール（刻んだもの）…… 60g
- レモンピール（刻んだもの）…… 30g
- ブランデー（V.S.O.P）…… 60g
- ラム酒（3年もの・7年もの）…… 各25g
- グランマニエ酒 …… 15g
- バニラのさや …… 1/4本

- 打ち粉（強力粉）…… 適量
- 溶かしバター（食塩不使用）…… 250g
- 粉糖（仕上げ用）…… 適量

バニラシュガー
(作りやすい分量。適量使用)
- グラニュー糖 …… 1500g
- バニラのさや …… 1/2本

*マジパン・ローマッセ、パート・ダマンド・クリュともいう。アーモンドと砂糖を2：1の割合で合わせ、卵白を加えてペースト状にしたもの。リューベッカ社製を使用。

下準備

当日
- シュトレン型に薄くバター(分量外)を塗る。
- バターは厚さ1cm弱に切り、常温に戻す。
- カルダモン、ナッツメッグを混ぜ合わせる。
- フランス粉を2度ふるう。

🕐 オーブンの予熱は**180℃**

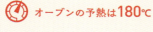

advice

シュトレンを焼くときに独特の形の型をかぶせることで、熱のあたりが柔らかくなり、均一に焼き上げることができます。型がなければ、アルミ箔を二重にしてなまこ形に整えて代用しましょう。

1

2~6カ月前 ドライフルーツの洋酒漬けを仕込む。レーズンは仕込む前に水洗いし、かたいヘタや変色しているものを取り除き、水気をきる。ほかのドライフルーツと混ぜ合わせる。

2

バニラのさやを縦に裂き、❶とともにビニール袋に入れる。アルコール類を加え、袋の上から軽くもんで袋の口をしっかり閉じ、冷蔵庫で保存する。

3

当日 ❷をザルに上げ、汁気をきる。

> あらかじめ作って、密閉できる瓶に入れておくと便利です。

4

バニラシュガーを作る。バニラのさやは縦に裂き、種をこそげ取る。ボウルにグラニュー糖の約1/3量とともに入れ、泡立て器でていねいに種をほぐす。残りのグラニュー糖を混ぜる。

5

アンザッツを作る。フランス粉にインスタントドライイーストを混ぜる。人肌に温めた牛乳を加え、木べらで粉気がなくなるまで、しっかりと混ぜる。

6

生地がボウルの底からはがれ気味になるまで混ぜる。

中深煎りに合うお菓子

7

ビニールをかぶせ、常温（27〜30℃）で約40分発酵させたら、アンザッツのでき上がり（写真は発酵終わり）。

8

クリーミング生地を作る。スタンドミキサーにミキサーボウルとビーターをセットする。バターとローマジパンを、交互に手でちぎって入れながら、低速、中速で混ぜてなじませる。

9

グラニュー糖を3回に分けて加え、混ぜる。卵黄を混ぜ、スパイス類も加え、均一に混ぜる。

> ボウルの壁面とビーターに生地がついたら、ゴムべらで落とします。**8**、**9**は**7**の発酵が終わるまでに行います。

10

別のミキサーボウルにフランス粉と塩を入れ、**7**をコルヌで分割して入れる（写真）。**9**のクリーミング生地も入れる。

> ミキシングの時間を長くしないよう、小分けにしておきます。

11

10のボウルをドゥーフックとともにスタンドミキサーにセットし、粉気がなくなるまで、低速で2分混ぜる。さらに低速で1〜2分混ぜ、中速にして全体をまとめる。そのまま常温（26〜27℃）で10分休ませる。

12

3を加え、低速でドライフルーツを全体に混ぜる。

13

作業台に打ち粉をし、**12**を取り出して2等分する（1台分約500g）。それぞれ手で軽くまとめる。

14

まとまった状態。ビニールをかぶせ、10分休ませる。

> 生地を軽くまとめないと、ドライフルーツが生地からはずれてしまいます。またバターが多い生地なので、打ち粉は最小限に。

15

14のビニールをはがし、型の長さに合わせて両手で転がし、棒状にする。

☞ p.124 に続く

16

横長に置き、めん棒を中央に押し当てて、そのまま前後に軽く転がし、縦幅を20cmぐらいに広げる。奥の縁は細く、手前の縁は太く残す。

17

両手で手前の太い縁を持ち、そのまま奥の細い縁の端にかぶせる。

18

かぶせた縁の上下をめん棒で軽く押さえ、「おくるみ」の形にし、天板にのせて、シュトレン型をかぶせる。

> 独特のなまこ形の型をかぶせることで、熱のあたりが柔らかくなり、均一に焼き上げることができます。

19

ビニールで包み、少し温かい室内（約30℃）に60〜70分おき、最終発酵させる。生地の中心温度を測り、適温の28℃前後であることを確認する。

> 温度が高すぎると、バターがしみ出てしまうので注意しましょう。

20

180℃のオーブンで20分焼く。いったん取り出して、型をはずす。すぐにオーブンに戻し、30〜35分焼く。途中で天板を底に1枚敷き、底が焦げるのを防ぐ。

21

焼き上がったらクーラーを重ねたバットにのせる。

22

全体に溶かしバターをハケでたっぷりと、二度塗る。

23

❹のバニラシュガーをまぶす。常温で半日からひと晩おき、完全に冷ます。余分なバニラシュガーを落とし、粉糖をふってラップで包み、涼しい所に保存する。

24

4〜5日から1週間ぐらい後が食べ頃。だいたい1.5cm幅に切る。

> 賞味期限は2週間ぐらいです。

第5章

深煎りに合うお菓子

バッハショコラ
BACH CHOCOLAT

カフェ・バッハの名を冠したオリジナルのチョコレート菓子。粉を使わずに焼いた生地は軽やかで口溶けがよく、とてもしっとり。生地の間にガナッシュをはさみ、ブランデーをしみ込ませ、上面をまるで鏡のようにつややかに仕上げたチョコレートでおおって12層にした、チョコレート好きにはたまらない大人の味です。口に含むと、ガナッシュがスーッと溶けていき、それにつれてチョコレートのほろ苦い風味が口いっぱいに広がります。チョコレートをたっぷり使っているのでともすると重くなりがちですが、重量感は少しもなく軽やかな味わいを楽しめます。

このお菓子の生地は、メレンゲの泡が消えやすく、また泡こそが軽やかで口溶けのよい生地作りの大切なポイントです。そのため、たくさん仕込んでおくことはできません。家庭用のオーブンで焼く場合、面倒でも3回に分けて焼いてください。確実によい状態の生地が作れます。

コーヒーとの相性

浅	中	中深	深
×	△	△	◎

チョコレートを上品に味わうお菓子ですから、基本は深煎りがよいでしょう。なかでも味わい深く、ふくよかな甘みを持つタイプやフローラルな華やかな香りを持つタイプと合わせると、チョコレートの風味が大きくふくらみます。また中煎りでも、コクとキレのある柑橘系の酸味を持つタイプと合わせると、チョコレートにない爽やかな香りがプラスされて軽快なリズムを奏でてくれます。

BACH'S SELECTION
- BEST 深 イタリアンブレンド
- BETTER 深 ケニア
- OTHER 深 エチオピア・シダモW、中 コスタリカPN

深煎りに合うお菓子

材料（26cm×36cmの天板1枚×3枚分）

チョコレート風味の生地（3枚分）※1
- 卵黄 …… 132g×3
- グラニュー糖A …… 60g×3

【メレンゲ】
- 卵白 …… 180g×3
- グラニュー糖B …… 36g×3

- ビターチョコレート※2 …… 43g×3

ガナッシュ
- 生クリーム（乳脂肪分47％）…… 446g
- ミルクチョコレート※3 …… 445g
- ビターチョコレート※2 …… 40g
- ブランデー …… 34g

- ブランデー（上塗り用）…… 45g

※1 この生地は劣化が早く作ってからすぐ焼くため、家庭用オーブンで作る場合、1枚ずつ生地の仕込みから焼成までを行なう。材料表では1枚分の分量×3と表記。

※2 ヴァローナ社のカカオパート・エクストラを使用。

※3 カルマ社のダーク1044を使用。

下準備
- メレンゲ用の卵白を冷蔵庫で30分ほど冷やす（スタンドミキサーで泡立てる場合、冷やすことで泡が立ちすぎずしっかりしたメレンゲが作れる）。
- 天板にロール紙を敷く。
- 生地用のビターチョコレートを粗く刻む。ガナッシュ用チョコレートは2種を一緒に粗く刻む。

オーブンの予熱は185℃

1  チョコレート風味の生地を作る。ボウルにビターチョコレートを入れ、湯せん（60℃）にして、ゴムべらで静かに混ぜ溶かす。 湯気がチョコレートに入らないよう、湯せん用の鍋は、ボウルより少し小さいサイズを使います。	**2**  ミキサーボウルに卵黄を入れ、ワイヤーホイップを持って溶きほぐす。グラニュー糖Aを加え、湯せん（60℃）にし、混ぜながらひと肌（27〜28℃）まで温める。 卵黄と砂糖を一緒に混ぜ始めると黄身のダマができる原因になるので、卵黄はあらかじめ溶きほぐします。	**3** 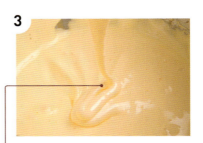 ❷をスタンドミキサーにセットし、中速で30秒、高速で3分、中速で1分、低速で30秒混ぜ、なめらかなリボン状にする。 リボン状の目安は、ゆるやかな線を描いて落ち、生地の上で重なってゆっくりなじんでいく濃度。
4  メレンゲをp.40の要領で作る。特にキメ細かく、しっかりとしたメレンゲにする。	**5**  ❸に❶を加え、ゴムべらでしっかり混ぜ合わせ、❹のメレンゲを⅓量加え、大きく「の」の字を描くイメージで混ぜ合わせる。	**6**  残りのメレンゲを2回に分けて加え、そのつど底からすくって大きく返し、泡をつぶさないように混ぜ合わせる。生地をメレンゲのボウルに戻し、均一に混ぜる。
7  ❻を天板の中央に流し、大きなコルヌで放射状に生地を広げる。 ※写真では、お店で使っている大きいサイズの天板を使用。	**8**  コルヌを立て、縁に沿って動かし、すき間ができないように四隅まできっちり埋める。コルヌを少し寝かせて表面をならす。天板を作業台から約10cm浮かせ、そのまま落として生地を整える。	**9**  185℃のオーブンで10分焼き、天板の奥と手前を入れ替えて7〜8分焼く。ロール紙をかぶせ、ひっくり返して天板からはずし、クーラーにのせて冷ます。

深煎りに合うお菓子

10

作業台にロール紙を敷き、❾をひっくり返し、手前から型紙をていねいにはがす。半分まできたら、下のロール紙ごと180度回転させ、手前からはがす。

11

横長に置き、厚さ8mmのケーキスケールを置いて、波刃包丁を動かしながら切り落とす。縦に2等分し、縦26cm×横18cmの2枚にする。残りの2枚分の生地も同様にし、計6枚用意する。

> 切り落とした部分は、ケーキクラムとしてほかのお菓子に利用する。

12

ガナッシュを作る。ボウルにチョコレート2種を入れる。鍋に生クリームを入れて沸騰させ、チョコレートに注ぐ。少しおいて溶けてきたらゴムべらで空気が入らないように静かに混ぜてツヤを出す。こしてブランデーを加え、ゴムべらで静かに混ぜる。

13

作業板にロール紙を敷き、⓫の生地を置く。このとき、断面を上側と手前に向ける。ブランデーをハケで塗る。

14

⓭の上に、⓬の1/7量をレードルですくって流し、パレットナイフを静かに動かして、均一に塗り広げる。

15

2枚目の生地も同様の向きで重ね、ロール紙と作業板を重ねてのせ、上から軽く押さえる。平らにならすとともに、生地とガナッシュを密着させる。3枚目、4枚目も同様にし、5枚目と6枚目は⓫の断面を下向きにして重ねる。

> 生地の下4枚と上2枚の向きを変えて重ねることで、形が美しくなります。

16

作業板ごと90度回転させて縦長にし、残りのガナッシュをジグザグさせながら、端から端まで流す。

17

ストレートナイフの背を下向きにして両端を持ち、手前にやや角度を傾けて、ガナッシュの表面を奥から手前へ一気になぞり、ゆがみのない平面に仕上げる。冷蔵庫で2時間ほど冷やし固める。

> ナイフを温めて水気をふき取り、1切れ8cm×3cmに切り分ける。

モンブラン
MONT BLANC

「白い山」の意味を持つ、栗をふんだんに使ったおなじみのフランス菓子。いまの形に考案したのはパリの老舗カフェ「アンジェリーナ」といわれています。カフェ・バッハでは、土台のメレンゲがただ甘いだけにならないよう、アーモンドを混ぜて中が香ばしいカラメル状になるように焼き上げます。その香ばしさが深い甘みのあるマロンクリームとよくマッチ。仕上げに柔らかくてマイルドなシャンティー・マロン、芯のラム酒が香る濃厚なマロンクリーム、それをつなぐ柔らかいクレーム・シャンティーが息の合った四重奏のように響き合います。

コーヒーとの相性

浅	中	中深	深
×	△	◎	◎

たっぷりのマロンと生クリームをまとめるのが、ナッツの香ばしいメレンゲ。口当たりはとても軽やかですが、しっかり濃厚な味わいなので、合わせるコーヒーは、ぜひ深煎りを。口に広がる栗の甘みを最後まで味わうには、シャープな苦みを持つものより、いろいろな味の要素を持ったボディ感のあるタイプが合います。ツンとした苦みがなく、ふくよかな甘みとオイル感のあるタイプもよいでしょう。甘栗のような甘い香りを持つ、ボディのある中深煎りも。

BACH'S SELECTION
- BEST　深　エチオピア・シダモW
- BETTER　深　ケニア
- OTHER　中深　スマトラ・マンデリン

材料（20個分）

メレンゲ生地
卵白※1	63g
粉糖	48g
グラニュー糖 A	8g
グラニュー糖 B	25g
タンプータン※2	40g

マロンクリーム
パート・ド・マロン（市販品）	180g
バター（食塩不使用）	73g
牛乳	19g
ラム酒	9g

【イタリアンメレンゲ】
（作りやすい分量。28gを使用）
卵白	60g
グラニュー糖	120g
水	40g

クレーム・シャンティー
生クリーム（乳脂肪分47％）	280g
グラニュー糖	28g

シャンティー・マロン
生クリーム（乳脂肪分47％）	216g
クレーム・ド・マロン（市販品）	324g
和栗渋皮煮	10粒

※1　必ず新鮮なものを使う。
※2　アーモンドパウダーと粉糖を1：1で合わせ、ザルで2度こしたもの。

下準備
■ メレンゲ用の卵白とマロンクリーム用のバターを冷蔵庫で冷やす。

 オーブンの予熱は140〜145℃

深煎りに合うお菓子

1
メレンゲ生地を作る。p.40の要領で卵白、グラニュー糖 A、粉糖でつやのあるキメの細かいメレンゲを作る。

2
ミキサーボウルを作業台に置き、グラニュー糖 B を加え、ゴムべらで底から大きく返すように混ぜ、混ざりきる前にタンプータンも加え、同様に混ぜる。

3
❷を12mm丸口金をつけた絞り袋に詰め、天板に直径5cmの円形に、20個絞り出す。140〜145℃のオーブンで、ダンパーをあけて70分焼く。クーラーにのせて冷ます。

> ゆっくりと水分を抜きながら、表面は白く、中はしっかりと茶色いカラメル状に焼きます。家庭用オーブンなら、50〜60分焼いたらオーブンを開け、蒸気を抜きます。

4
マロンクリームを作る。イタリアンメレンゲをP.40の要領で作る。これを28g使う。

5
ミキサーボウルにバターとパート・ド・マロンを入れ、ビーターとともにスタンドミキサーにセットする。はじめは低速で混ぜ、中速にして均一にする。再び低速にし、牛乳、ラム酒を加え、高速にして、白くもったりするまで混ぜる。

6
❹の半量を加え、ゴムべらでよく混ぜる。残りを加え、気泡をつぶさないように混ぜる。12mm丸口金をつけた絞り袋に詰め、オーブンシートに直径3cm×高さ1.5cmの帽子状に20個絞り出す。冷凍庫で1時間以上冷やし固める。

7
p.36の要領で、7〜8分立てのクレーム・シャンティーを作る。

> パレットナイフを立てぎみにし、マロンクリームの側面にクレーム・シャンティーをのせ、そのまま下へ引くときれいな形になります。

8
❸に冷凍庫から出したての❻をのせる。❼をパレットナイフでひとすくいしてのせ、面取りしながら山の形にする。バットに並べて冷蔵庫で冷やす。シャンティー・マロン用の生クリームを氷水に当てながら4〜5分立てにし、クレーム・ド・マロンの1/3量をよく混ぜる。

9
残りを2回に分けてゴムべらでやさしく混ぜ、冷蔵庫で60分冷やす。中8穴モンブラン口金をつけた絞り袋に詰め、❽をバットに取り出し、クリームを線状に絞って全体をおおい、冷蔵庫で1時間冷やす。和栗渋皮煮を半分に切ってのせる。

ブラウニー
BROWNIE

チョコレートの生地にくるみなどのナッツを混ぜた、アメリカ生まれの焼き菓子で、大きく四角に焼いて四角く切り分けるのが一般的。ざっくりとしたラフな味わいになりがちなところ、カフェ・バッハでは、くるみ、ヘーゼルナッツ、ピスタチオの3種をたっぷりとミックスして、リッチで洗練された焼き菓子に仕上げています。よく焼けた表面の程よいもろさと半生に近い中身の口溶けが、ガトー・ショコラ・クラシックにも似た味わいです。

コーヒーとの相性

浅	中	中深	深
△	×	◎	◎

チョコレートの風味やナッツのコク、旨みがシンプルに伝わる味わいで、表面のクッキーの手前ぐらいのもろさと、中のしっかり目のつまったボディのある半生生地で、見た目以上のボリューム感。チョコレートと同様に焙煎の苦みが生きる深煎りのコーヒーがよく調和し、反対に淡い浅煎りもコーヒーのナッツ香とよく合います。いずれにせよ、味の豊かでないものがおすすめです。シャープな酸味は合いません。チョコレートケーキに生クリームを添えるのと同じように、カプチーノやカフェ・オ・レともよく合います。

BACH'S SELECTION
BEST　深　イタリアンブレンド　　BETTER　Var. カフェ・オ・レ
OTHER　浅　ブラジルW、　Var. カプチーノ、アイスコーヒー

材料（17cm×17cm×高さ3.5cmの角型1台分）

バター（食塩不使用）	144g
全卵	120g
グラニュー糖	180g
薄力粉	78g
ココアパウダー	36g
ビターチョコレート※	135g
バニラのさや	1/3本
塩	ひとつまみ
くるみ	30g
皮付きヘーゼルナッツ	30g
ピスタチオ	20g
くるみ（生の縦半割、飾り用）	9切れ

※ヴァローナ社のエクストラビター61%を使用。

下準備

- 型にロール紙を敷く。
- くるみとヘーゼルナッツは、160℃に予熱したオーブンで11〜15分から焼きする。くるみは手で砕き、ヘーゼルナッツは皮をむいて粗く刻む。
- ピスタチオを縦に半分に切る。
- バニラのさやを縦に裂き、種をこそぎ取る。
- ビターチョコレートを粗く刻み、ボウルに入れる。
- バターを1cm角に切る。
- 全卵を溶きほぐす。
- 薄力粉、ココアパウダーを合わせてザルで2度ふるう。

 オーブンの予熱は**180℃**

深煎りに合うお菓子

1 鍋にバターを入れ、中火にかけて溶かす。沸騰したら火を止め、グラニュー糖、バニラのさや、種を加えて混ぜる。さやは取り除く。

2 ゴムべらで混ぜながら、全卵を数回に分けて加え、均一にする。塩を加える。

3 ボウルに入れたビターチョコレートに、❷をかける。

4 ゴムべらでゆっくり混ぜ、チョコレートを溶かしてなめらかな状態にする。

> ここでは完全に混ざりきらなくてもかまいません。

5 粉類を一度に加え、ゴムべらで底からすくっては返すように、大きく混ぜ合わせる。ナッツ類も加え、生地全体に均一に行きわたるように混ぜる。

6 ❺を型に流し入れ、作業台から10cmほど浮かして落とし、生地をなじませる。飾り用のくるみを、表面を上にして並べる。

> くるみははじめは中央にのせ、前後、左右の順にのせると、均等に並べることができます。

7 180℃のオーブンで45分焼く。焼き上がったら、型に入れたまま粗熱をとる。

> 焼き上がりの目安は、中央に竹串を刺し、生地が串に少しつくくらい。中がとても柔らかいので、粗熱がとれるまで型から出さないように。

advice
このお菓子は完全に火を通すよりも、中心が少し柔らかいくらいでオーブンから取り出します。こうすると、冷めたときに外はカリッと、中はしっとりとした状態になります。粗熱がとれたところでピースにカットします。完全に冷めてしまうときれいに切れません。

シュヴァルツヴェルダー・キルシュトルテ
SCHWARZWÄLDER KIRSCHTORTE

赤いチェリーと茶色のチョコレート、白い生クリームが何ともシックな、ドイツの伝統菓子。表面に飾ったチョコレートはドイツの森林を表現しているともいわれます。シュクレ生地とココア生地の間にたっぷりのクリームをサンドしているのでボリューム感はありますが、口当たりがとてもソフト。ほのかなシナモン香やサワーチェリーとフランボワーズジャムの甘酸っぱさ、ふわっと漂うさくらんぼの洋酒の香りが引き締め役になって、ずっしり重い感じはありません。

コーヒーとの相性

浅	中	中深	深
×	×	△	◎

チョコレートと生クリームをたっぷり使ったお菓子なので、深煎りのブレンドのようなコクのある苦みと合わせると、全体に味がふくらみます。またスパイシーな苦みや華やかな香りのある深煎りもよく合います。量もたっぷりほしいので、エスプレッソなら直火式で。クリームと相性のよくない浅煎りや味がバッティングする中煎りは避けたいところです。

BACH'S SELECTION
- BEST 深 イタリアンブレンド2杯分をポットで
- BETTER 深 直火式エスプレッソ
- OTHER 深 エチオピア・シダモW

材料（直径18cmのセルクル型1台分）

ミュルベタイク（作りやすい分量。半量を使用）

バター（食塩不使用）	125g
グラニュー糖	63g
全卵	50g
薄力粉	188g
塩	少量
バニラエッセンス	3滴
レモンの皮[※1]	少量
打ち粉（強力粉）	適量

ショコラーデンマッセ
（直径18cmのジェノワーズ型。作りやすい分量。7mm厚さ3枚分を使用）

卵黄	108g
グラニュー糖 A	30g
薄力粉	36g
浮き粉	36g
ココアパウダー	30g
シナモンパウダー	1g
シロップ A[※2]	59g

【メレンゲ】

卵白	72g
塩	ひとつまみ
グラニュー糖 B	54g

キルシュザーネクレーム

生クリーム（乳脂肪分40％）	390g
シロップ B[※2]	39g
キルシュワッサー酒	20g
板ゼラチン	4.5g

キルシュのコンポート

【キルシュのマリネ】
- グリオットチェリー（冷凍品） 130g
- 水 65g
- グラニュー糖 C 46g
- キルシュワッサー酒 20g

浮き粉 9g
グラニュー糖 D 17g

フランボワーズジャム 適量
シロップ C※3 80g
生クリーム（乳脂肪分40％） 150g
粉糖 14g
ミルクチョコレート※4 100g

※1 レモンを粗塩でこすり洗いし、表皮をすりおろしたもの。
※2 グラニュー糖と水を2：1の割合で合わせて煮溶かしたもの。
※3 グラニュー糖と水を1：1の割合で合わせて煮溶かしたもの。
※4 カルマ社のダーク1044を使用。

下準備

前日 ※ミュルベタイクを仕込む
- バターを厚さ1cm弱に切り、常温に戻す。
- 全卵を溶きほぐす。
- 薄力粉を2度ふるう。

当日
- ショコラーデンマッセ用のジェノワーズ型にロール紙を敷く。卵白を冷蔵庫で冷やしておく。薄力粉と浮き粉を合わせて2度ふるう。ココアパウダーとシナモンパウダーを合わせ、シロップ A を混ぜ合わせる。
- フランボワーズジャムを裏ごしする。
- ミルクチョコレートを刻む。

オーブンの予熱は190℃

1 **前日** ミュルベタイクを作る。p.27のパート・シュクレの要領で仕込む。このとき、塩、レモンの皮、バニラエッセンスはグラニュー糖のあとに加え混ぜる。冷蔵庫でひと晩休ませる。

当日仕込むなら、2〜3時間休ませましょう。

2 キルシュのコンポート用のマリネを仕込む。耐熱ボウルにグリオットチェリーを入れる。鍋に水とグラニュー糖 C を入れて煮溶かし、熱いままボウルに注ぐ。粗熱がとれたらキルシュワッサー酒を加え、冷蔵庫でひと晩休ませる。

本来はサワーチェリーを使います。

3 **当日** 作業台に打ち粉をし、❶を冷蔵庫から取り出し、半量を切り出す。めん棒で3mm厚さにのばす。ピケローラーで全体に穴をあける。

4 直径18cmよりひと回り大きいセルクル型で抜く。ビニールをかぶせ、冷蔵庫で30分休ませる。

5 冷蔵庫から取り出し、天板にのせ、190℃のオーブンで12〜13分焼く。取り出してすぐに18cmのセルクル型で抜き、クーラーにのせて冷ます。

6 ショコラーデンマッセを作る。ミキサーボウルに卵黄を入れ、ワイヤーホイップで溶きほぐす。グラニュー糖 A を入れ、湯せん（60℃）にしながら混ぜ、27〜28℃にする。

p.136に続く

7 スタンドミキサーに、❻のミキサーボウルとワイヤーホイップをセットし、高速、中速、低速の順にすり混ぜ、白っぽくもったりとした状態にする。これを下準備しておいたココアパウダーなどに少量加え、混ぜる。

8 残りの泡立てた卵黄をボウルにあけ、❼を加え、全体を均一に混ぜ合わせる。

9 別のミキサーボウルに卵白と塩を入れ、ワイヤーホイップを持って溶きほぐす。p.40の要領でメレンゲを作り、ミキサーを止め、ワイヤーホイップで混ぜ整える。

> なめらかでツヤのある、ツノの立った状態になる。

10 ❽に❾の1/3量を入れ、ゴムべらでよく混ぜ合わせる。残りを2回に分けて混ぜ、そのつど底から大きく返して混ぜ合わせる。

> メレンゲが少し残っている状態がベストです。

11 粉類を一度に加え、泡をつぶさないようにゴムべらをやさしく、大きく動かして全体を混ぜ合わせる。

12 ジェノワーズ型に流し、190℃のオーブンで28〜30分、しっかり焼く。

13 型から出して冷ます。

14 波刃包丁で底面を薄く切り落とし、ケーキスケールを置いて7mm厚さ3枚にスライスする。

15 前日仕込んだキルシュのマリネをザルに上げ、果実と漬け汁に分ける。飾り用に形のよい果実8粒を取りおく。漬け汁は65gを使う。

深煎りに合うお菓子

16 小ボウルに浮き粉を入れ、漬け汁の1/3量で溶く。鍋に残りの漬け汁とグラニュー糖 D を入れ、中火で沸騰させる。溶いた浮き粉を加え、ゴムべらで混ぜながら煮つめ、とろみがついたら火からおろし、果実を混ぜる。常温で冷ます。

17 キルシュザーネクレームを作る。あらかじめ板ゼラチンを氷水で戻す。ボウルに生クリームを入れ、p.36の要領で6分立てにし、シロップ B を少しずつ加え混ぜて9分立てにする。

18 板ゼラチンの水気を絞って湯せん（60℃）で溶かし、キルシュワッサー酒を加えて25℃前後まで冷ます。9分立ての生クリームの一部を混ぜ合わせ、生クリームのボウルに戻して混ぜる。

19 ケーキプレートの上に ❺ を置き、ゴムべらでフランボワーズジャムを塗る。⓮ を1枚のせる。直径18cmのセルクル型をはめ、上面にハケでシロップ C 1/3量を塗る。

20 ⓲のクリームを15mm丸口金をつけた絞り袋に詰め、2cm弱の間隔をあけて、同心円状に3本絞る。⓰のキルシュを18mm丸口金をつけた絞り袋に詰め、同心円のクリームの間に絞り出す。

21 その上に再び⓲を渦巻き状にたっぷり絞り、コルヌでならす。⓮を1枚重ね、シロップ C の残りの半量を塗る。

22 ⓲を一部取りおき、残りを生地の上にのせ、パレットナイフでドーム状に塗る。

23 ⓮を1枚のせ、手で押さえて形を整える。残りのシロップ C を塗り、取りおいた⓲を塗る。冷蔵庫で3時間以上冷やす。

24 ㉓を冷蔵庫から出し、型の外側に温めたふきんを巻く（またはバーナーで温める）。型をはずす。ボウルに生クリームと粉糖を入れ、氷水を当てながら9分立てのクレーム・シャンティーを作り、一部を星形口金をつけた絞り袋に詰める。残りを上面と側面にパレットナイフで薄く塗り、削ったミルクチョコレートを散らす。上面に8等分の印をつけ、絞り袋に詰めたクレーム・シャンティーを均等に8か所絞り出し、⓯で取りおいた果実をのせる。

ババのトマトソース添え

BABA

口に含んだ途端、ざっくりと粗めの発酵生地からラム酒風味のシロップがジュワーッと広がり、生地のイースト香と一緒になって実においしいお菓子です。カフェ・バッハでは夏の冷たいデザートとして人気で、定番のクレーム・シャンティーに加え、清涼感あふれるトマトソースを添えて軽やかな食べ口にしています。ラム酒は香りがよい一方で苦みもあり、効きすぎるとコーヒーと合わせづらくなるため、バランスを考え抜いてこのレシピになりました。

コーヒーとの相性

浅	中	中深	深
×	×	△	◎

冷たいデザートでけっして味は濃厚ではありませんが、甘さはしっかりあるお菓子です。ラムの香りも豊かなので、キレのある苦みを持つコーヒーが好相性。またババをデザートと考えると、胃をすっきりさせてくれる苦みが強くあまり主張のないコーヒーが順当な組み合わせになるでしょう。しかし苦み一辺倒のべたっとしたタイプでは、お菓子のよさが抑えられるので向きません。直火式のエスプレッソもおすすめです。

BACH'S SELECTION
- BEST　深　ペルー
- BETTER　深　直火式エスプレッソ
- OTHER　中深　パプアニューギニア

材料（直径6.5cmのサバラン型15個分）

ババ
【生地】
- バター（食塩不使用） … 63g
- A
  - フランス粉 … 250g
  - グラニュー糖 … 18g
  - 塩 … 5g
  - インスタントドライイースト … 5.2g
- B
  - 全卵 … 125g
  - 水（冬はぬるま湯） … 125g

【シロップ A】
- グラニュー糖 … 200g
- 水 … 500g
- ラム酒 … 45g
- あんずジャム … 適量

トマトソース
- プチトマト … 60〜75個
- はちみつ … 11g
- レモンの搾り汁 … 8g

トマトのマリネ
- プチトマト … 15個
- キルシュワッサー酒 … 23g
- シロップ B ※ … 126g

クレーム・シャンティー
- 生クリーム（乳脂肪分40％） … 240g
- 粉糖 … 21g

※グラニュー糖と水を1：1の割合で合わせて煮溶かしたもの。

下準備

当日
- 生地を入れるボウルにショートニング（分量外）を薄く塗る。
- サバラン型にバター（分量外）を薄く塗る。
- バターを1cm角に切り、湯せん（60℃）で溶かす。
- フランス粉を2度ふるう。
- 全卵をほぐし、水に加えて混ぜ合わせる。

 オーブンの予熱は200℃

advice
ババの生地はほかの発酵生地と違ってとても粘り気が強く、流動性があって、計量も分割もしづらいので、型に入れるときは絞り袋に詰めて、はかりの上で絞り出すと簡単です。

1

前日 トマトのマリネを作る。プチトマトの皮を、ヘタを残しながら湯むきする。保存容器に入れる。シロップ B を沸かし、キルシュワッサー酒を混ぜ、トマトのヘタの下あたりまで注ぐ。冷蔵庫でひと晩漬ける。

2

当日 トマトソースを作る。プチトマトのヘタを取り除き、尻に浅く十文字の切り目を入れ、湯に浸ける。氷水に浸けて皮をむき、横半分に切る。種を取り除き、ミキサーに約40秒かけて裏ごしする。このピューレ450gにはちみつとレモンの搾り汁を混ぜ、冷蔵庫で冷やす。

3

ババの生地を作る。ミキサーボウルに A を入れ、ドゥーフックを持って混ぜ合わせる。さらに B を加え、軽く混ぜ合わせる。

4

スタンドミキサーに❸のミキサーボウルとドゥーフックをセットし、低速で混ぜてなじませる。さらに高速で2分、中速で3分混ぜる。低速にし、溶かしバターの1/5量を加え、中速にする。

5

残りの溶かしバターを4回に分けて、速度を低速にして加え、中速にして混ぜる。どろりとした粘度の強い生地にしてボウルに移す。ビニールをかぶせ、30分常温で発酵させる。

6

発酵して約2倍にふくらんだら、木べらで底からゆっくりと混ぜ、ガス抜きをし、生地を均一にする。

深煎りに合うお菓子

7

❻を12mm丸口金をつけた絞り袋に詰め、電子はかりにサバラン型をのせ、1個30gずつ計量しながら絞り出す。だいたい型の6分目まで入る。

> ババの生地は、とても粘り気が強く、計量も分割もしづらいので、絞り袋に詰めて、はかりのうえで絞り出すと簡単。

8

型を持ち、指を生地の底になすりつけるようにして、すき間をなくす。型ごと作業台に軽く打ちつけて生地をならし、常温で10〜15分休ませる。200℃のオーブンで23〜25分焼く。焼き上がったら型から取り出し、そのまま冷ます。

9

鍋にシロップ🅰の材料を入れて煮溶かす。80℃に温度を下げてキープし、❽を入れてヘラで沈める。

10

たっぷりとシロップをしみ込ませ、網を重ねたバットにのせる。余分なシロップをきり、ラム酒をハケで塗る。

> シロップが冷たいと中までしみ込まず、沸騰するほど熱いと生地がくずれるので、80℃ぐらいがベストです。

11

粗熱がとれたら、あんずジャムに水適量を加えてのばし、温め、❿の上面にハケで塗る。バットに移し、冷蔵庫で1時間以上冷やす。

> ジャムはかたすぎてもゆるすぎても、生地にのりにくくなります。加熱して、ゴムべらですくってポタポタと落ちる濃度に調整します。

12

生クリームと粉糖を、氷水を当てながら泡立て器で9分立てにし、大星形口金をつけた絞り袋に入れる。⓫を冷蔵庫から取り出して器に盛り、クレーム・シャンティーを絞り、トマトソースとトマトのマリネを添える。

141

フロランタン・サブレ
FLORENTIN SABLÉ

しっかり甘くてバターのリッチなサブレ生地にアーモンドキャラメルを重ねた、旨み濃厚なクッキーの王様。こんがりと焼き上げたこのお菓子は厚みがあってかためですが、かむごとにサブレ生地がもろく崩れて広がり、まさにコーヒーがほしくなる味わいです。コーヒーとともに口に含み、ボリボリとかみながらいただくと、新たなる旨みが生まれます。どちらかというと日持ちするお菓子ですが、キャラメルのパリッとした歯ざわりが大切なので、湿気は禁物。きちんと保存瓶に入れておきましょう。

コーヒーとの相性

浅	中	中深	深
△	×	△	◎

しっかりした甘み、ほろ苦さ、ナッツの旨み、バターの風味が一体になったおいしさのかたまりのようなお菓子。コーヒーとは大きく2つの方向性でマッチします。1つは深煎り。同じボディが豊かなタイプやもう少し苦みが勝ったタイプを合わせて、すっきりキレよくまとめます。もう1つは真逆の軽くすっきりした浅煎りを合わせて、お菓子を立体的に際立たせます。2つの中庸として、深煎りをエアロプレスで淹れるのもよいでしょう。全体にクリアですっきりしながらおだやかな苦みが感じられます。

BACH'S SELECTION
- **BEST** 深 マラウィ・ヴィフヤ
- **BETTER** 深 エアロプレスで淹れて
- **OTHER** 深 インディア、ペルー / 浅 ブラジルW

材料（24cm×33cmの角セルクル型1台分）

パート・サブレ
バター（食塩不使用）	125g
粉糖	125g
全卵	50g
薄力粉	250g
ベーキングパウダー	2.5g
塩	ひとつまみ

アパレイユ
アーモンドスライス	150g
バター（食塩不使用）	100g
グラニュー糖	150g
はちみつ	50g
水あめ	50g
生クリーム（乳脂肪分47%）	100g

下準備

前日 ※パート・サブレを仕込む

- 薄力粉とベーキングパウダーを合わせて2度ふるい、冷蔵庫で冷やしておく。
- バターは厚さ1cm弱に切り、常温に戻す。
- 全卵を溶きほぐす。

オーブンの予熱は**180℃**

advice

このお菓子で一番起こりやすい失敗が、焼きすぎです。2度焼きすることを考えて、から焼きは生地全体が少し色づき、縁が茶色くなる程度で充分。2回目の焼きでは、温度が高すぎて焦げやすいようなら、天板を下に1枚敷いて調節しましょう。オーブンから離れずに焼け具合を確認するのも大切。

深煎りに合うお菓子

1

<mark>前日</mark> パート・サブレをp.27の要領で仕込み、<mark>冷蔵庫でひと晩休ませる</mark>。このとき、塩は粉糖を入れたあとに混ぜる。

> 当日仕込むときは、冷蔵庫で2～3時間休ませましょう。

2

<mark>当日</mark> ❶を作業台に置いてめん棒でたたいて柔らかくする。めん棒で5mm厚さの26cm×36cmにのばす。冷蔵庫で30分休ませる。

3

ピケローラーで全体に穴をあけ、180℃のオーブンで15～16分から焼きする。

4

全体が淡く色づき、縁が茶色がかるぐらいになったらオーブンから出し、天板ごと作業台に置き、角セルクル型を当てる。上から軽く押し、型をはめておく。

5

アパレイユを作る。アーモンドスライスを天板に広げ、180℃のオーブンで5分ほど温める。銅鍋にアーモンドスライス以外の材料を入れ、中火で焦がさないように、木べらでかき混ぜる。115℃になるまで煮詰めたら火を止め、アーモンドスライスを温かい状態で加え、手早く混ぜ合わせる。

> 熱いので、やけどをしないように注意してください。

6

❹に❺を流し入れる。

7

コルヌで手早く表面をならし、厚みを整える。型からはみ出たパート・サブレを取り除き、型をはめたまま天板ごと180℃のオーブンに入れ、25～30分、色濃く焼く。

8

焼き上がったらクーラーにのせ、粗熱がとれたら角セルクル型の縁に沿って包丁を入れ、型からはずす。作業板の上にひっくり返し、波刃包丁で小さく切り分ける。

> 表面を上にして切ると、アーモンドスライスが砕け、生地が小さく割れて美しい断面になりづらいので、必ず裏面を上にします。

143

カフェ・バッハに教わる
コーヒー抽出の基本

舌ざわりがなめらかで、味も香りも豊か──これが正しく抽出されたコーヒーの証し。
そのためには使う道具、道具に合わせて挽いた豆、そして適正な淹れ方が大切です。
ここでは一番ポピュラーなペーパードリップでのテクニックをご紹介しましょう。

1 直前に豆を挽く

コーヒー豆は挽いて粉にすると劣化が早まり、香りも抜けやすくなるので、できれば淹れる直前に挽きましょう。注いだ湯のキープ力もよくなり、よい成分を存分に引き出すことができます。

淹れる道具によってふさわしい粉の粗さ（メッシュ）は変わりますが、いずれにしても粗さを均一にするのが理想。メッシュが細かいほど成分が出やすく、またろ過速度が遅くなるので、ペーパードリップには中挽きが最適。極細挽きの豆を使うと重厚感や苦みが出ます。

極細挽き
細かい粉状で、エスプレッソマシンに向く。味の成分、とりわけ苦みが強く出やすい。

細挽き
苦みが出やすいので、直火式のエスプレッソに向く。低温で長時間浸漬する水出しコーヒーにも。

中挽き
ペーパードリップに最適。濃度や酸味、苦みがバランスよく出やすい。サイフォンやコーヒーメーカーにも向く。

粗挽き
フレンチプレスのように湯に浸してコーヒー成分を出す淹れ方に向く。粗いことで苦みが出にくい。

2 ペーパードリップ用の道具

コーヒーポット
サーバー
ペーパーフィルター
温度計
ドリッパー　メジャースプーン
バースプーン

ドリッパー
ドリッパーにペーパーフィルターをセットし、コーヒー液をろ過して抽出するペーパードリップ。カフェ・バッハでは湯を何度かに分けて注ぎ、コーヒーの粉と粉の間に湯を通過させ、成分を抽出しながらろ過する透過タイプで淹れています。テクニックは必要なものの、コーヒーのよい成分だけを抽出することができます。一般にはカリタ式と呼ばれる3穴ドリッパーが多いのですが、バッハではオリジナルのドリッパーを使っています。

ペーパーフィルター
紙のメッシュの粗さによってコーヒーの味は変わります。メッシュが粗いと、ろ過速度が早くさっぱりめの味に、細かいと遅く濃いめの味になります。

サーバー
抽出したコーヒーを受けて、カップに注ぎます。目盛りつきを選んで、目的に合ったコーヒーの抽出量になったらドリッパーをはずします。

コーヒーポット
材質やサイズはさまざまですが、湯を注ぐ量をコントロールしやすい専用のポットがおすすめ。

メジャースプーン
コーヒー豆や粉を計量。一般に1杯12g。

バースプーン
湯の温度や抽出し終えたコーヒーを、均一にするために混ぜる道具。

温度計
目的に合ったコーヒーを抽出するため、コーヒーポットの湯の温度を測ります。

ペーパーフィルターの折り方

ドリッパーにきっちりフィットし、コーヒーの粉に均一に湯が行きわたるよう、ペーパーフィルターの折り方も大切。このとき、力を入れすぎてペーパーが伸びないようにしましょう。

1  側面の折りしろを折る。

2  底面の折りしろを、❶と逆側に折り返す。

3  底面の両端にできる角を、それぞれつぶす。

4  内側に指を入れ、側面の折り目をなぞってならす。

5  ❶の折りしろもなぞってならす。

6  ❸を底面に向かって折り曲げ、マチを作る。

3 いよいよ抽出

コーヒーを淹れるときはテンポがとても大切。呼吸をするように湯が落ちきる前に次の湯を注ぎます。これをくり返すと一定の量やリズムで注ぐことができ、短時間でよい成分だけを抽出しやすくなります。コツがつかみやすい2杯分でご紹介します。

1

ペーパーフィルターをドリッパーの形にぴったり沿わせてセットし、サーバーにのせる。

2

挽いたコーヒーをメジャースプーンで1.8杯(約22g)入れ、前後に軽くふって平らにする。

> 盛り上がった状態では湯が均等に行き渡らず、きちんと蒸らすことができません。またふりすぎは目詰まりの原因になるので注意。

3

沸かしたての新鮮な湯をコーヒーポットに入れ、温度計をさし、82〜83℃になるよう水を足してバースプーンで混ぜて均一にしながら温度調節をする。

4

コーヒーポットを持ち、湯の勢いを抑えて湯柱を細くしながら、粉面から2〜3cm上より全体に"の"の字を描くように注ぐ。湯の量は全体が湿る程度。

> 湯はコーヒーの粉に慎重に"置く"、"のせる"ような意識で注ぎます。注ぐ位置が低いと湯柱が太すぎてコーヒーのろ過層が崩れ、高いと細すぎてコーヒーの粉が撹拌されて層が荒れたり、余分な空気が含まれたりします。

5

コーヒーの粉がふわっと丸く、均一に盛り上がるのが理想。そのまま約30秒蒸らし、成分が出やすい状態にする。

> 浅煎りや中煎りでは写真ほどふくらみません。あまり新鮮でないコーヒー豆の場合も盛り上がりません。

6

同じように湯柱を細くして、粉の中心から外へ〝の〟の字を描き、また中心に戻るようにしながら注ぐ。ポットは水平をキープし、上下には動かさない。

> コーヒーの粉もフィルターと同じろ過層と考えて抽出していくので、湯を外側にかけて、粉の層を崩さないように。だいたいフィルターから3㎜内側までコーヒーの粉の層を残すイメージです。

7

❻で上面にできた泡（クレマ）が沈みきらないうちに、同様に〝の〟の字を描くように湯を注ぐ。

> 湯を注ぐタイミングも大切。早すぎると湯がたまり、遅すぎるとコーヒーの粉の温度が下がります。湯が落ちきらないうちに注ぐことで、一定のスピードでろ過されます。

8

泡がふわっと盛り上がって湯面が上がる。湯面は上げすぎないように注意する。

9

同様に〝の〟の字を描くようにしながら、❼よりも湯柱を少し太く速めに注ぎ、えぐみなどが出ないようにする。次第に湯が落ちる速度がゆっくりになっていく。

> ❹～❾の湯量が少ないと何度も注ぐことになり、結果としてろ過スピードが遅くなって重いコーヒーとなるので注意。

10

サーバーの目盛りを見ながら、2杯分（300〜320㎖）になったらドリッパーをはずす。所要時間は全部で2分30秒ほど。バースプーンで混ぜて濃度を均一にし、カップに注ぐ。抽出終わりは、フィルターの形に沿った美しいすり鉢状が理想。

> お好みで電子レンジなどで温めてもよいですが、煮立たせないこと。ペーパードリップしたコーヒーは、透明であることが絶対条件。すくって確かめるとよいでしょう。

コーヒーエキスの抽出法

本書にはコーヒーの風味を生かしたお菓子があります。そこでは濃厚なコーヒーエキスを使います。その淹れ方が、コーヒーポットを上下に動かしながら一滴一滴湯を落としていく点滴抽出。バリエーションコーヒーの1つ、カフェ・シュヴァルツァーもこの方法で淹れています。

粗挽きのコーヒー50gをドリッパーに入れ、コーヒーポットを上下に動かしながら、1滴ずつ湯を注ぐ。注ぎ始めてしばらくは落ちてこないが、根気よくくり返す。コーヒーの粉がふわっとふくらんできたら、量を少し増やしながら点滴抽出を続け、100g抽出する。

＊カルディナールシュニッテン（→p.152）を例に

ペーパードリップと違ってポットは上下に動かし、その反動で自然に落ちる水滴をコーヒーの粉にのせる。

4　ペーパードリップの失敗例

コーヒーの抽出は一発勝負。少しの条件やテクニックの違いが味にストレートに影響します。大切なのは"均一に注ぎ、均一に抽出すること"。失敗しやすいポイントをご紹介します。

POINT 1　湯の温度

中深煎りでは82～83℃が適温です。それより高温ではえぐみや苦みが出て角のある味になり、低温ではコーヒーの旨みが充分に出ず、比較的酸味の強い味になります。

　ドリップでは、湯を注いだときにコーヒーから出るガスによってふわっとふくらみます。しかし、湯温が高すぎると大きな穴ができて蒸気が一気に噴出し、穴があいたり、ひどいときは陥没したりすることもあります（右写真上）。こうなると蒸らしの"ふた"がなくなり、充分にコーヒーの旨み成分を出すことができません。反対に、湯温が低いとコーヒーはあまりふくらまず、湯を注いでも落ちずにたまったり旨み成分が引き出されないまま下に落ち、全体的に水っぽい味になります（同下）。

高温の場合 左上に大きな穴があいている（写真左）。次第に陥没して、割れ目ができてくる（右）。

低温の場合 全体的に沈んで、ふくらまない。

POINT 2　注ぐ湯の高さ

ペーパードリップでは、コーヒーの粉面から2～3cm上をキープしてのせるように湯を注ぐのが基本ですが、低くても高くてもろ過層が崩れて、均一に抽出できません。

　低い位置から注ぐと（写真右下）、湯柱が太くなって勢いがつき、横なぐりに攪拌されます。粉が湯をキープできないので粉がふくらまず、中心がへこんで湯がたまります。こうなるとまず、きちんとした蒸らしができません。一方、高い位置から注ぐと（同上）、湯に空気が入って湯柱がよじれるため粉が攪拌されます。いずれにしても、よい成分が充分に出ないため水っぽい味になるか、雑味成分が出て重い味になります。

高い場合 湯に空気が混じり、白くなっているのが分かる。

低い場合 湯柱でコーヒーの層が攪拌されている。

POINT 3　ペーパーフィルター

ペーパーフィルターは、前もってぬらしません。ぬらすと蒸らしのときに空気抜きとなるはずのドリッパーの溝に貼りついて、上手に蒸らせなくなります。また湯をフィルターにかけるのはNG（下写真）。コーヒーの粉で作ったろ過層が崩れてなくなり、湯だけがペーパーを通過して味が薄まったり水っぽい味になります。

第6章

バリエーション
コーヒーに合う
お菓子

トリュフ
TRUFFE

ガナッシュをビターチョコレートで包んだチョコレート菓子の基本形で、カフェ・バッハでは、ガナッシュに上質な洋酒をきかせた2つの風味をバレンタインの時季だけ作っています。1つはレミーマルタンV.S.O.Pで樽熟のきいた気高い香り、もう1つはグランマルニエ酒でオレンジの香り。いずれも大人っぽい味わいに仕立てています。チョコレートがコーヒーと似ているのは、材料の産地や品種、銘柄が味わいに大きく影響するところ。バッハではチョコレートの味わいが勝負のトリュフには、スイスのカルマ社とフランスのヴァローナ社のものを使っています。

材料（各20個分）

トリュフ

ガナッシュ
- ミルクチョコレート[1] ……… 140g
- 生クリーム（乳脂肪分40％）……… 50g
- ブランデー（レミーマルタンV.S.O.P）……… 24g

- 粉糖 ……… 適量
- ビターチョコレート[2] ……… 120g
- ココアパウダー（仕上げ用）……… 適量

オレンジ風味のトリュフ

ガナッシュ
- ミルクチョコレート[1] ……… 130g
- 生クリーム（乳脂肪分40％）……… 50g
- オレンジピール（刻んだもの）……… 10g
- グランマルニエ酒 ……… 24g

- 粉糖（丸め用と仕上げ用）……… 適量
- ビターチョコレート[2] ……… 120g

※1 カルマ社のダーク1044を使用。
※2 ヴァローナ社のエクストラビター61％を使用。

下準備
- チョコレート類はすべて小さく刻む。
- 仕上げ用のココアパウダー、粉糖をそれぞれバットに入れる。

オーブンの予熱は190℃

コーヒーとの相性

浅	中	中深	深
×	△	◎	◎

BACH'S SELECTION
- BEST → 深 インディアをエスプレッソで
- BETTER → Var. カフェ・ロワイヤル
- OTHER → Var. アイリッシュコーヒー
- 深 ケニア、エチオピア・シダモW

トリュフそのものに味も濃度も詰まっているので、コーヒーも味わい豊かなものがよいでしょう。たとえばエスプレッソのように少量ながらリッチな旨みや脂肪分が舌になめらかに広がるもの、トリュフと同じくブランデーの高貴な香り漂うカフェ・ロワイヤル、強くてドライなアイリッシュウイスキーを入れたアイリッシュコーヒーなど。またしっかり焙煎されたチョコレートは、一般に深煎りコーヒーと好相性。オレンジ風味のトリュフは、同じオレンジ香を持つコーヒーで調和させてもよいでしょう。

バリエーションコーヒーに合うお菓子

1
ガナッシュを作る。ボウルにミルクチョコレートを入れる。鍋に生クリームを入れて沸騰直前まで沸かし、チョコレートに注ぐ。少しおいてチョコレートが溶けてきたら、ゴムべらで静かに混ぜる。

2
空気が入らないように混ぜ、ツヤを出す。ブランデーを加え、さらになめらかな状態になるまで混ぜる。

3
バットに流し入れ、作業台から10cmほど浮かして落とし、空気を抜く。冷蔵庫で約20分冷やして少しかたくし、15mm丸口金をつけた絞り袋に詰める。ロール紙の上に1個8gの球に絞る。30分ほど冷蔵庫で冷やし固める。

4
手のひらに粉糖をまぶし、❸を丸める。冷蔵庫で冷やす。

> マーブル台がなければボウルを湯せんと冷水に交互に浸けながら混ぜ、30～31℃まで下げます。紙にチョコレートをつけて冷蔵庫で冷やし、ツヤがあればテンパリングは成功。

5
コーティングするチョコレートをテンパリングする。ボウルにビターチョコレートを入れ、ボウルよりひと回り小さい鍋で湯せん（60℃）にし、静かに混ぜ溶かし、55～58℃に調整する。マーブル台に全体の2/3量を流し、パレットナイフで薄く広げる。

6
三角べらですくって混ぜる。この作業をくり返し、28～29℃に温度を下げる。ツヤのあるなめらかな状態になったら、1/3量が入っている元のボウルに戻し、混ぜて30～31℃にする。

7
❻を手のひらに適量とり、❹を1個のせて両手で転がし、コーティングする。手が温かいとガナッシュが溶けるので、その場合は手を冷やす。

8
❻の中に❼をくぐらせてさらにコーティングし、ココアパウダーの入ったバットにのせる。表面のチョコレートのツヤが消え、固まる直前に、フォークでジグザグに転がしてまぶしながら模様をつける。残りも同様にして仕上げる。

オレンジ風味のトリュフ

TRUFFES À L'ORANGE

チョコレート類はすべて小さく刻み、「トリュフ」の作り方と同様にして作る。このとき、ブランデーをオレンジピールとグランマルニエ酒に、ココアパウダーを粉糖に替えて作る。

BACH'S SELECTION
BEST 中 パナマ・ドンパチ・ゲイシャ ナチュラル

カルディナール
シュニッテン

KARDINALSCHNITTEN

白と黄色の縞模様が、カルディナール（枢機卿）が法衣の上にかけるたすきのデザインを表しているというウィーンのお菓子。高さが6cm以上もあり、見た目のボリューム感は感動的。しかし、メレンゲとスポンジの生地はフワフワとしていて軽く、間にはさんだコーヒー風味のクリームも軽やかで口溶けがよいので、おいしく食べきれること間違いなしです。お菓子の故郷、ウィーンではクリームの代わりにジャムをはさんでいただくのが一般的。よりおやつらしい味わいになります。

コーヒーとの相性

浅	中	中深	深
×	△	◎	◎

クリームに入れたコーヒーエキスの豊かな風味とほのかに香るラム酒が、柔らかく口当たりのソフトな生地の上品なアクセントに。そんな味わいのお菓子なので、初夏に冷たいコーヒーと一緒にいただきたくなります。クリームが多いので、酸味の少ないバランスのよいコーヒーがよいでしょう。

BACH'S SELECTION
- BEST　Var. アイスコーヒー
- BETTER　中深 グアテマラ
- OTHER　Var. 冷たいカフェ・オ・レ

バリエーションコーヒーに合うお菓子

材料（約45cm×10cm 1台分）※1

シャウムマッセ
- 卵白 ……………… 275g
- グラニュー糖 …… 175g
- 塩 ………………… ひとつまみ

ビスクヴィートマッセ
- 全卵 ……………… 55g
- 卵黄 ……………… 65g
- グラニュー糖 …… 55g
- 薄力粉 …………… 55g
- バニラエッセンス … 数滴
- レモンの皮※2 …… 適量

カフェオーバスクレーム
【クレーム・シャンティー】
- 生クリーム ……… 300g
- 粉糖 ……………… 25g
- コーヒーエキス※3 … 30g
- ラム酒 …………… 20g
- 板ゼラチン ……… 6g

粉糖 ………………… 適量

※1 カフェ・バッハでは60cm×40cmのフランス天板に45cm長さの生地2枚分を並べて絞り出し、1台分を一度に焼いている。家庭用オーブンで作る場合、天板2枚にそれぞれ22cm長さの生地2枚分を並べて絞り出し、オーブンの上下段で一度に焼く。22cm長さの生地が2台分焼ける。

※2 レモンを粗塩でこすり洗いし、表皮をすりおろしたもの。

※3 粗挽きのコーヒー豆50gを点滴抽出（☞p.147）で、100g抽出し、30gを使用。コーヒー豆は深煎りのイタリアンブレンドを使用。

153

下準備

- ロール紙にえんぴつで2cm幅×45cm長さの長方形を描く。2cm幅ずつ間隔をあけてもう2つ描く。これをもう1組描く。
- 卵白を冷やしておく。
- 薄力粉を2度ふるう。

 オーブンの予熱は160℃

 advice

しっかりとしたメレンゲに焼き上げるのが、このお菓子のポイントです。コツは、絞り方にあります。1回目は口金を立てて、薄く泡をつぶすようにしながら絞ります。これを土台にして、2回目は口金を横にして泡をつぶさないようにしながら、口径いっぱいに太く絞り出します。この二段重ねで、焼いたときに下のメレンゲが天板の熱を吸収し、太く絞った上のメレンゲに間接的に火が入るので、泡がつぶれることなく焼き上がります。

1

シャウムマッセを作る。p.40の要領で、なめらかでツヤのある、角が立ったメレンゲを作る。20mm丸口金をつけた絞り袋に詰める。

2

ビスクヴィートマッセを作る。ミキサーボウルに全卵、卵黄、グラニュー糖、バニラエッセンス、レモンの皮を入れ、ワイヤーホイップを持って混ぜる。スタンドミキサーにセットし、高速、中速、低速の順に泡立てる。

3

なめらかなリボン状になったら、薄力粉を2回に分けて加え、ゴムべらで粉気がなくなるまで混ぜ合わせる。18mm丸口金をつけた絞り袋に詰める。

4

天板にロール紙とオーブンシートを重ねて敷く。❶の絞り袋を立て、泡を押しつぶすようにしながら、えんぴつのラインに沿って薄い帯状に絞る。2cm間隔をあけて、もう2本絞る。写真のように絞り袋をねかせ、3本の上に、それぞれ口金の太さいっぱいに絞る。

5

❸を❹の間に絞り出す。シャウムマッセよりも高さは低くなる。もう1組も同様に絞り出す。

6

全体に茶こしで粉糖をふる。生地になじんだらもう1回ふり、160℃のオーブンで35～36分焼く。ダンパーは焼き始めから開けておく（家庭用オーブンなら、30分焼いた頃に一度開け、蒸気を抜く）。

バリエーションコーヒーに合うお菓子

7 焼き上がりの状態。

8 すぐにロール紙と作業板を重ねてかぶせ、そのままひっくり返してオーブンシートをはがす。このとき、まず端から真ん中まではがし、もう一方の端から真ん中まではがすようにする。

9 再度ひっくり返し、ロール紙で包んで形を整え、常温で冷ます。もう1枚の生地も同様にする。

> 熱く柔らかいうちに紙で包むことで、形崩れしたまま固まるのを防ぎます。

10 カフェオーバスクレームを作る。板ゼラチンを氷水で戻す。ボウルにコーヒーエキス、ラム酒、水気を絞った板ゼラチンを入れ、湯せん（60℃）にしてゴムべらで混ぜ溶かす。

11 別のボウルに生クリームと粉糖を入れ、氷水を当てながら、泡立て器で9分立てにする。少量を❿に加えてよく混ぜ、生クリームのボウルに戻し入れる。均一に混ぜ、別の20㎜丸口金をつけた絞り袋に詰める。

12 ❾のロール紙をはずし、生地を1枚裏返す。生地の幅に、⓫を口金の太さいっぱいに絞り出す。

13 パレットナイフで平らにならす。

14 もう1枚の生地を、焼き目を上にしてのせる。冷蔵庫で30分冷やし固める。細長い紙でビスクヴィートマッセをおおい、シャウムマッセに茶こしで粉糖をふる。9切れに切り分ける。

マローネン グーゲルフプフ

MARONENGUGELHUPF

マロンのクリーム入りのシンプルな生地にマログラッセをたっぷり混ぜて栗をダブル使いにした、やさしくてスイートな味わいの焼き菓子。仕上げのラム酒の香りで全体に大人っぽい雰囲気も醸します。パウンド型で焼くこともありますが、ぜひクグロフ型で。1切れに厚みが出るので、食べたときにほろほろと崩れて口の中に広がり、旨みやコク、風味が増してくるようです。

コーヒーとの相性

浅	中	中深	深
×	△	◎	△

マロンクリームや生クリームを混ぜた生地は、しっとりしていながら口の中で崩れて広がるので、コーヒーは量を多めにほしくなります。バランスがよく柔らかで甘い味わいのこのお菓子は牛乳とよく合うので、カフェ・オ・レとどうぞ。味の調和が楽しめます。また同じくバランスのよい中深煎りや焙煎の進んだ中煎り(シティロースト)、焙煎を抑えた深煎り(フレンチロースト)を合わせるとお菓子の味わいがボケることなく、輪郭がはっきりします。

BACH'S SELECTION
- BEST　Var. カフェ・オ・レ
- BETTER　中深 バッハブレンド
- OTHER　中深 タンザニア　中 パナマ・ドンパチ・ティピカ

材料（直径15cmのクグロフ型2台分）

生地
バター（食塩不使用）	150g
グラニュー糖	40g
卵黄	60g
薄力粉	190g
クレーム・ド・マロン	90g
生クリーム（乳脂肪分40％）	70g
塩	ひとつまみ
バニラエッセンス	数滴
マログラッセ	150g

【メレンゲ】
卵白	90g
グラニュー糖	80g

洋酒入りシロップ
シロップ※	30g
ラム酒	15g
ブランデー	15g

※水とグラニュー糖を1:1の割合で合わせて煮溶かしたもの。

下準備

- クグロフ型の内側にバター（分量外）を薄く塗り、冷蔵庫で冷やす。使う直前に出し、強力粉（分量外）をまぶす。
- バターを厚さ1cm弱に切り、常温に戻す。
- 卵黄を溶きほぐす。
- 薄力粉を2度ふるう。
- マログラッセは1〜1.5cmに割る。

オーブンの予熱は170℃

バリエーションコーヒーに合うお菓子

1 スタンドミキサーにビーターとミキサーボウルをセットし、バターを入れて低速、中速、高速の順に撹拌してクリーム状にする。グラニュー糖と塩、バニラエッセンスを加えて低速でなじませたら中速にし、白っぽい状態にする。

2 卵黄を少量ずつ加え混ぜ、クレーム・ド・マロンも2〜3回に分けて加え混ぜる。全体が均一になったら生クリームを3回に分けて混ぜ合わせる。ミキサーボウルをはずす。

3 別のミキサーボウルでp.40の要領で、ツヤのあるツノのピンと立ったメレンゲを作る。❷に薄力粉とメレンゲを交互に加え、ゴムべらでメレンゲの泡をつぶさないように底から大きく混ぜる。

4 粉とメレンゲが混ざりきっていない状態でマロングラッセを加え、ゴムべらを底からすくって返すようにしながら、やさしく混ぜる。

5 コルヌですくい取り、泡をつぶさないようにクグロフ型に詰める。作業台から型ごと10cmほど浮かして落とし、生地の気泡を整える。

6 170℃のオーブンで60〜70分焼く。洋酒入りシロップの材料を合わせておく。生地が焼き上がったらクーラーをかぶせてひっくり返して型からはずし、熱いうちにハケで洋酒入りシロップを塗り、半日以上おく。

advice

このお菓子をもろく軽い味わいに作るには、メレンゲの泡をふわっと立ち上げる必要があります。そこで生地作りのときに粉とメレンゲを交互に混ぜて、メレンゲの泡が詰まらないようにしましょう。そしてもろい生地にシロップを塗って、しっとり感をもたせます。

157

コーヒーゼリー＆ブランマンジェ
COFFEE JELLY & BLANC-MANGER

琥珀色をした深くてクリアな苦みあふれるゼリーに、上品なアーモンド香が漂う柔らかくなめらかな白いブランマンジェを重ねた、夏らしいデザート。スプーンで底のほうから大きくすくってほおばると、このお菓子そのものがバリエーションコーヒーのよう。コクのあるアングレーズソースをかけたり、小さくカットしたメロンやブルーベリーなどのフルーツと一緒にいただいて変化をつけてもよいでしょう。

材料（グラス6個分）

コーヒーゼリー
- コーヒー豆（深煎り）[※1] ……… 45g
- 湯 ……… 適量
- 粉ゼラチン ……… 8g

ブランマンジェ
- 牛乳 ……… 200g
- 皮付き生アーモンド（湯むき）[※2] ……… 50g
- グラニュー糖 ……… 50g
- 板ゼラチン ……… 6g
- アマレット酒 ……… 15g
- 生クリーム（乳脂肪分47％） ……… 180g

ソース・アングレーズ
- 卵黄 ……… 40g
- 牛乳 ……… 167g
- グラニュー糖 ……… 40g
- バニラのさや ……… ¼本

※1 カフェ・バッハの深煎りブレンド「イタリアンブレンド」を使用。
※2 生のアーモンドスライスでもよい。湯むきは、沸騰した湯に入れて1分弱ゆで、氷水にとって皮をむく。

下準備
- バニラのさやを縦に裂いて種をこそげ取る。
- コーヒー豆を粗挽きにする。

バリエーションコーヒーに合うお菓子

1

コーヒーゼリーを作る。ドリッパーにペーパーフィルターとコーヒー豆をセットし、p.147の要領で、コーヒー600gを抽出する。熱いうちに560gをボウルに移し、粉ゼラチンをふり入れ、泡立て器で静かに混ぜ溶かす。ボウルごと氷水に当て、混ぜながら40℃まで冷ます。

2

グラスを水でぬらし、❶をレードルで8分目まで注ぎ、スプーンで表面に浮いた泡をていねいに取り除く。ラップをかぶせ、冷蔵庫で3時間以上冷やし固める。

> コーヒーゼリーは固まるまでに時間がかかるので、前日に作って冷蔵庫に入れておいてもよいでしょう。

3

ブランマンジェを作る。ミキサーに牛乳と生アーモンドを入れて撹拌し、アーモンドをごま粒大に細かく砕く。牛乳ごと銅鍋にあける。中火にかけ、混ぜながら沸かし、火を止めて蓋をして10分蒸らす。

> アーモンドは細かく砕きすぎると、成分が出すぎて味が強くなりすぎるので注意。

4

板ゼラチンを氷水で戻す。小さなボウルに板ゼラチンを水気を絞って入れ、湯せん（60℃）で溶かし、アマレット酒を混ぜる。

5

さらしを敷いたこし器をボウルにセットし、❸をこす。最後にゴムべらでさらしを軽く押し、絞り出す。グラニュー糖を加え、湯せん（60℃）で混ぜ溶かす。❹を加え、ボウルを氷水に当てながらゴムべらで静かに混ぜ、20℃まで下げてとろみをつける。

6

別のボウルに生クリームを入れ、氷水に当てながら、空気を抱き込まないようにしながら、スーッと落ちるくらいの5分立てにする。

> 生クリームは、アーモンド液と同じぐらいの濃度の5分立てにします。泡立てすぎるとアーモンド液に混ざらず、ゆるすぎると重たくなります。

7

❺に❻の1/3量を加えて混ぜ、残りを2回に分けて加え、泡立て器で大きく混ぜて均一にする。❷の上にレードルで静かに流し、冷蔵庫で約3時間冷やし固める。

8

ソース・アングレーズを作る。ボウルに卵黄を入れて泡立て器でほぐし、グラニュー糖を加えて白っぽくなるまで混ぜる。銅鍋に牛乳とバニラのさや、種を入れて沸騰直前まで加熱し、ボウルに加え、泡立て器で混ぜる。

9

❽をこしながら銅鍋に移し、ゴムべらでかき混ぜながら弱火で加熱し、とろみがついてきたらボウルに移す。氷水で冷やして、冷蔵庫に入れる。小さなガラス器に入れ、❼に添える。

159

お菓子から引けるコーヒーとの相性さくいん（50音順）

COMPATIBILITY WITH COFFEE / INDEX OF

お菓子名	相性のよいコーヒーの焙煎度	BEST マッチ	BETTER マッチ	避けたいコーヒーの焙煎度	ページ
アップルパイ	中 中深 深	中 マイルドブレンド	深 エチオピア・シダモ W	浅	58
いちごのショートケーキ	中深	中深 バッハブレンド	中深 パプアニューギニア	浅 深	80
いちごのタルト	浅	浅 ブルーマウンテン No.1	中 ニカラグア	深	46
ヴァニレキプフェアルン	中	中 イエメン・モカ・ハラーズ	中深 バッハブレンド	深	76
カルディナールシュニッテン	中深 深	Var. アイスコーヒー	中深 グアテマラ	浅	152
クグロフ	中 中深	中 パナマ・ドンパチ・ゲイシャW	中深 タンザニア	浅	70
クロワッサン	浅	浅 ブルーマウンテン No.1	深 インディアを直火式のエスプレッソで	なし	54
ココパッション	中	中 パナマ・ドンパチ・ティピカ	中深 パプアニューギニア		64
シュヴァルツヴェルダー・キルシュトルテ	深	深 イタリアンブレンド	深 直火式エスプレッソ	浅 中	134
シュトレン	中深 深	中深 バッハブレンド	中深 スマトラ・マンデリン	浅 中	120
シュルプリーズ	中深	中深 バッハブレンド	中深 グアテマラ	浅 中	98
ダコワーズ	中深 深	中深 パプアニューギニア	深 ペルー	浅	110
タルト・オ・シトロン	浅	浅 ハイチ・バプティスト	浅 ブルーマウンテン No.1	深	48
タルトタタン	中 中深	中 イエメン・モカ・ハラーズ	中 パナマ・ドンパチ・ティピカ	浅 深	62
チーズケーキ	中深	中深 タンザニア	中深 グアテマラ	浅	84
トゥルト・パスティス	浅	浅 ブラジル W	浅 ベトナム・アラビカ	深	50
トリュフ	中深 深	深 インディアをエスプレッソで	Var. カフェ・ロワイヤル	浅	150
ヌスボイゲル	中深	中深 バッハブレンド	中深 スマトラ・マンデリン	浅	116
バヴァロワ	中深 深	中深 パプアニューギニア	深 ペルー	浅 中	118
バッハショコラ	深	深 イタリアンブレンド	深 ケニア	浅	126
ババのトマトソース添え	深	深 ペルー	深 直火式エスプレッソ	浅 中	138
パリブレスト	中深 深	中深 タンザニア	深 インディア	浅 中	101
パルミエ	中 中深	中 コスタリカ PN	中深 パプアニューギニア	なし	66
パン・ド・ジェンヌ	中深 深 中	中深 スマトラ・マンデリン	深 インディア	なし	108
ビスキュイ・ド・サヴォワ	中 中深	中 パナマ・ドンパチ・ティピカ	Var. ホット・モカ・ジャバ	浅	72
ピティヴィエ	中深	中深 全般	深 全般	浅 中	92
フィナンシェ 2 種	中深	中深 グアテマラ	スタンダードには Var. カフェ・シュヴァルツァー、ショコラには 中深 タンザニア	浅	104
ブール・ド・ネージュ	浅	浅 ソフトブレンド	中深 コロンビア	深	52
ブッタークーヘン	中深	中深 バッハブレンド	Var. カフェ・オ・レ	浅 中	114
ブラウニー	深 中深	深 イタリアンブレンド	Var. カフェ・オ・レ	中	132
ブリオッシュ	中 中深	中 パナマ・ドンパチ・ゲイシャW	中深 バッハブレンド	浅	68
フルーツケーキ	中深	中深 バッハブレンド	全般に合う	なし	90
フロランタン・サブレ	深	深 マラウィ・ヴィフヤ	深 エアロプレスで	中	142
ヘーゼルナッツサブレ	中	中 ニカラグア	中深 グアテマラ	浅 深	74
マドレーヌ	浅 中	浅 ベトナム・アラビカ	中 パナマ・ドンパチ・ゲイシャ W	深	42
マーブルチョコレートケーキ	中	中 パナマ・ドンパチ・ゲイシャW	中深 スマトラ・マンデリン	浅 深	78
マローネングーゲルフプフ	中深	Var. カフェ・オ・レ	中深 バッハブレンド	浅	156
ミルフイユ	中深	中深 スマトラ・マンデリン	深 エチオピア・シダモ W	浅 中	96
昔風りんごのケーキ	中深	中深 パプアニューギニア	中深 グアテマラ	浅	88
モンブラン	深 中深	深 エチオピア・シダモ W	深 ケニア	浅	130

CAFÉ BACH & CONFECTIONERY AND BAKERY DEPARTMENT

カフェ・バッハと製菓・製パン部

　1968年、東京の下町・浅草周辺に位置する山谷に、店主の田口護さん・文子さん夫妻が開店。いまではご近所のかたがたの憩いの場として、また全国からコーヒーファンが訪れる憧れのカフェとして日々にぎわっています。

　72年に護さんが始めた自家焙煎の技術や考え方は国内外に大きな影響を与え、いまや海外から指導に招聘されるほど。また田口夫妻をはじめスタッフの方々は、78年以降たびたびコーヒー生産国を巡り、よいコーヒーを栽培する世界中の生産者を訪ねて信頼関係を築いています。そうして手に入れた良質な生豆を手作業で選び抜き（ハンドピック）、煎りムラのない正しい焙煎をし、さらにハンドピックを重ねて「正しい」コーヒー豆だけを提供するという一貫した姿勢とコーヒーの質の高さが認められ、2000年の沖縄サミットでは晩餐会のコーヒーを担当、店の看板「バッハブレンド」が各国首脳にふるまわれました。

　「バッハ」という店名の由来にもなったバロック音楽の名作曲家、ヨハン・セバスティアン・バッハ（1685～1750年）の音楽が流れる店内では、キャニスターに入ったコーヒー豆がずらりと並ぶ豆棚を一望できるカウンターが特等席。スタッフがハンドドリップする姿を間近で見ることができます。90年には製菓・製パン部を新設。フランス菓子、ドイツ・ウィーン菓子を中心に研究を重ね、"コーヒーとともにおいしく味わうお菓子"を作り出しています。良質な素材を使用し、ていねいな工程を踏まえて手作りされるその味は、コーヒーと同じく上質。カフェ・バッハでも多くのお客さまがコーヒーとともに注文する人気アイテムとなってます。

製菓・製パン部の皆さんと田口文子さん（手前右）、田口護さん（後ろ左）。

東京都台東区日本堤1-23-9　電話：03-3875-2669
営業時間：10：30～18：30　定休日：火曜日、第2・第4水曜日
http://www.bach-kaffee.co.jp

バッハのコーヒー豆リストには、浅煎りから深煎りまで30種類近くがずらりとラインナップされています。豆の大きさ、形、色、ツヤなどが分かるよう、焙煎度の浅い順にご紹介します（2024年9月1日現在）。

中深煎り

タンザニアAA「アサンテ」

アフリカ・タンザニア南部の小農家から買い付けた、最高グレードAA。粒が大きめで肉厚、最高にリッチな酸味とオレンジのようなフルーツフレーバーが楽しめる。なお「アサンテ」とはスワヒリ語で「ありがとう」を意味するオリジナルブランド。

パプアニューギニアAA

パプアニューギニアの西部高地地方に開発された農園で栽培。樹上で完熟したコーヒーを手摘みした高級品種で、最高グレードAA。芳醇な香りと柔らかな酸味、バナナのようなトロピカルな風味のバランスがとてもよく、まるでブレンドのよう。

グアテマラ・SHB ウエウエテナンゴ「コンポステラ」

中米・グアテマラの高地、ウエウエテナンゴ地区ボルサ農園産。標高1300メートル以上で栽培された最高級グレードのSHB（ストリクトリー・ハード・ビーン）。上質の酸味とボディ、カカオのような香ばしいアロマを持つ。

コロンビア・スプレモ・タミナンゴ

南米・コロンビアの南西部、エクアドルに近いナリーニョ地区産。標高約1800メートルで伝統的な方法で栽培された最高グレード（スプレモ）のコーヒーを天日乾燥して精製した肉厚の豆。厚みのあるコクと上品で華やかな酸味を持つ豊かな味。

スマトラ・マンデリン タノバタック

インドネシア・スマトラ島の標高1,200～1,600メートルで、先住民のバタック族が栽培・生産。「マンデリン」は北スマトラで栽培される豆の通称。甘いボディとベリー系の酸味やトロピカルなフルーティーさ、スパイシーさを持つ複雑な味わい。

バッハブレンド

中深煎りにあたるカフェバッハの代表商品。ブラジルW、コロンビア・スプレモ、ニューギニアAA、グアテマラ・SHBをブレンド。毎日飲みたくなるバランスのよさは抜群。

イタリアンブレンド

深煎り。ブラジルW、ケニアAA、インディアAP・AAをブレンドした、きれいな香ばしさとすっきりとしたキレのよさが特徴。

深煎り

ペルー

南米・ペルーの標高1,300メートルあたりにある寒暖の差が激しい高地で栽培され、豆が引き締まっている。深煎りコーヒーの入門的味わいで、ボディ感と柔らかい酸味を兼ね備えたバランスのよさが特徴。ナッツのような香ばしさも持つ。

マラウィ・ヴィフヤ

アフリカ・マラウィ共和国の北部にある、標高1,600～2500メートルのヴィフヤ高地で栽培されたコーヒー。小さめのころんと丸い形をしており、チョコレートのような味わいのなかに、爽やかな酸味を持ち合わせている。

エチオピア・シダモW

コーヒーの発祥の地といわれるアフリカ・エチオピア。その南西部にあるシダモ地区で穫れたコーヒーを珍しい水洗式（ウォッシュ）で精製。丸みがあってロングの形はゲイシャ種のよう。良質の酸味とフローラル系のアロマ、深いコクを持つ。

ケニアAA

アフリカ・ケニアのなかでも、粒のサイズが大きくそろった最高級のAAグレード。味が濃厚でふくよかな甘みやナッツのような香り、ダークチェリーやあんずのような甘酸っぱさも持つ。深煎りに焼き込んでも酸味を感じるポテンシャルの高さを持つ。

インディアAP・AA

インドで栽培されたアラビカコーヒーの最高グレードAA。バッハでは一番焙煎度を高くしているが、どの焙煎度にも応じてくれるオールマイティーなコーヒー。爽快な苦みとスモーキーさを持ち、すっきりキレがよい。

カフェ・バッハのコーヒー豆図鑑

STRAIGHT　豆の特徴がシンプルに発揮されるストレート

浅煎り

ハイチ・バプティスト

カリブ海に浮かぶハイチで、石灰質の土壌と海からの貿易風を受けて育った良質なコーヒー。上品で軽やかな香り、ほどよい酸味と柔らかなコクが楽しめる。

ブラジルW

ブラジル・バイア州産。最高グレードのNo.2スクリーン18の豆を、ブラジルでは希少な水洗式（ウォッシュト）で精製したバッハのオリジナル。ほどよい酸味とゆでた野菜やピーナッツのような香り、柔らかな華やかさも持つ上品な味わい。

ベトナム・アラビカ

ベトナム南部・ラムドン省産の希少なアラビカ種。ベトナムといえばロブスタ種が知られるが、近年は世界最大規模のアラビカ種の生産国に。フローラルで甘い香り、柔らかな酸味、まろやかでコクのある味わいが特徴。

ブルーマウンテンNo.1

カリブ海に位置するジャマイカのブルーマウンテン地区で穫れた最高グレードNo.1の豆。上品な花のような香りとバランスのよい味わいを持ち、浅煎りのすっきりしたテイストながらふくよかさもある。

中煎り

イエメン・モカ・ハラーズ

中近東・イエメンの首都サヌアから西にあるハラーズ地方で栽培されたコーヒー。乾式（ナチュラル）で精製したことにより果実感が出て、引き締まった酸味と甘酸っぱさを持つ。その特徴的な味わいと小ぶりな姿からコーヒーの貴婦人と呼ばれる。

ニカラグアSHG

中米・ニカラグア産。SHG（ストリクトリー・ハイ・グロウン）は、標高が約1370メートル以上の高地で栽培された最高級グレードの豆で、一般に大粒で良質。成熟度の高い味、香りを持つ。

パナマ・ドンパチ・ティピカ

中米・パナマのドンパチ農園から買い付けたティピカ（アラビカの代表品種）のみを集めたコーヒー豆。完熟チェリーのようなふくよかな酸味と上質なカカオのようななめらかさを持ち、ボディは柔らか。バランスのよさも特徴。

コスタリカPN「グレースハニー」

中米・コスタリカ西部で栽培。パルプドナチュラル（PN）で精製されたことによる甘みやはちみつのような風味を持ち、ハニーコーヒーとも呼ばれる。ボディ感がありながらメープルシロップのような風味となめらかさ、果実のような酸味を持つ。

パナマ・ドンパチ・ゲイシャW

中米・パナマのドンパチ農園のゲイシャ種を水洗式（ウォッシュト）で精製した豆。ゲイシャ種らしいフローラルで甘みのある味わいに柑橘系の酸味が重なり、洗練された味と上品なボディが楽しめる。

パナマ・ドンパチ・ゲイシャ ナチュラル

左記と同じパナマ・ドンパチ農園のゲイシャ種をナチュラル製法で精製した希少な豆。コーヒーの品評会「ベスト・オブ・パナマ」のナチュラル部門で1位に輝き、洗練された華やかさと上品で厚みのある味わいは熟成されたワインのよう。

BLEND　複数の豆を配合して新しい味わいが生まれるブレンド

ソフトブレンド

浅煎り。ブラジルW、ハイチ・マール・ブランシュ、ニカラグアSHGをブレンドした、柔らかい酸味を持つ上品な味わい。

マイルドブレンド

中煎り。ブラジルW、パナマ・ドンパチ・ティピカ、ニカラグアSHG、コスタリカPN「グレースハニー」をブレンドした、きれいな酸味とやさしいボディを持つ。

写真／髙橋栄一
撮影／西山 航（世界文化ホールディングス）
デザイン／河内沙耶花（mogmog Inc.）
イラスト／ばばめぐみ
スタイリング／岡田万喜代
撮影協力／江頭涼香、柴田倫美、出田裕史朗（カフェ・バッハ製菓部・製パン部）
校正／株式会社円水社
DTP製作／株式会社明昌堂
編集協力／河合寛子
編集／原田敬子

＊本書は『カフェ・バッハのコーヒーとお菓子』（2014年小社刊）をもとに再構成したものです。

「カフェ・バッハ」のおいしい理由。
コーヒーとお菓子のきほん、完全レシピ

発行日　2024年10月10日　初版第1刷発行

著者　　田口文子、田口 護
発行者　岸 達朗
発行　　株式会社世界文化社
　　　　〒102-8187　東京都千代田区九段北4-2-29
　　　　電話／03-3262-5118（編集部）
　　　　　　　03-3262-5115（販売部）
印刷・製本　株式会社リーブルテック

©Fumiko Taguchi, Mamoru Taguchi, 2024. Printed in Japan
ISBN 978-4-418-23301-4

落丁・乱丁のある場合はお取り替えいたします。
定価はカバーに表示してあります。
無断転載・複写（コピー、スキャン、デジタル化等）を禁じます。
本書を代行業者等の第三者に依頼して複製する行為は、
たとえ個人や家庭内での利用であっても認められていません。

　本書の内容に関するお問い合わせは、以下の問い合わせフォームにお寄せください。
https://x.gd/ydsUz